Anglosajones

Una guía fascinante de las personas que habitaron Gran Bretaña desde la Edad Media temprana hasta la conquista normanda de Inglaterra

© Copyright 2020

Todos los derechos reservados. Ninguna parte de este libro puede ser reproducida en ninguna forma sin el permiso por escrito del autor. Los revisores pueden citar breves pasajes en las reseñas.

Descargo de responsabilidad: Ninguna parte de esta publicación puede ser reproducida o transmitida de ninguna forma o por cualquier medio, mecánico o electrónico, incluyendo fotocopiado o grabación, o por cualquier sistema de almacenamiento y recuperación de información, o transmitida por correo electrónico sin permiso por escrito del editor.

Si bien se han realizado todos los intentos de verificar la información proporcionada en esta publicación, ni el autor ni el editor asumen ninguna responsabilidad por errores, omisiones o interpretaciones contrarias del objeto del presente documento.

Este libro es sólo para fines de entretenimiento. Las opiniones expresadas son las del autor solamente, y no deben tomarse como instrucciones o comandos expertos. El lector es responsable de sus propias acciones.

La adhesión a todas las leyes y regulaciones aplicables, incluidas las leyes internacionales, federales, estatales y locales que rigen las licencias profesionales, las prácticas comerciales, la publicidad y todos los demás aspectos de hacer negocios en los EE. UU., Canadá, Reino Unido o cualquier otra jurisdicción es responsabilidad exclusiva del comprador o lector.

Ni el autor ni el editor asumen responsabilidad alguna en nombre del comprador o lector de estos materiales. Cualquier leve percibido de cualquier individuo u organización es puramente involuntario.

Contents

INTRODUCCIÓN 1
CAPÍTULO 1 – LA LLEGADA DE LOS ANGLOSAJONES 3
    LA BRETAÑA ROMANA 5
CAPÍTULO 2 – LOS PRIMEROS ANGLOSAJONES: ORÍGENES E
HISTORIA PREVIA AL ASENTAMIENTO 12
CAPÍTULO 3 – LA CULTURA DE LOS ANGLOSAJONES: RELIGIÓN,
COSTUMBRES, JERARQUÍA SOCIAL, CRISTIANISMO PRIMITIVO 18
    COSTUMBRES ANGLOSAJONAS 22
    EL CRISTIANISMO PRIMITIVO 32
CAPÍTULO 4 – LA VIDA COTIDIANA DE LA INGLATERRA
ANGLOSAJONA: TRABAJOS Y DIVISIÓN DEL TRABAJO, COMIDA Y
BEBIDA, ROPA, ARQUITECTURA, VIAJES, GUERRAS, NORMAS DE
GÉNERO Y EDAD, ARTE, OBRAS ESCRITAS 35
    COMIDA Y BEBIDA 38
    ROPA 41
    ARQUITECTURA ANGLOSAJONA 42
    VIAJAR 47
    GUERRAS 51
CAPÍTULO 5 – REINOS ANGLOSAJONES 68
CAPÍTULO 6 – LEGADO ANGLOSAJÓN 113

CONCLUSIÓN..116
BIBLIOGRAFÍA Y REFERENCIAS..118

Introducción

En un momento de nuestra historia, Reino Unido era la fuerza dominante en el planeta. Controlaba, aproximadamente, una cuarta parte del mundo y una cuarta parte de la población mundial. La reina era la monarca más poderosa de su época, e incluso si miramos a la Reina Isabel hoy en día, podemos decir con seguridad que es una figura política fuerte, por el simple hecho de existir y gobernar el reino.

Sin embargo, el Reino Unido es bastante joven, históricamente hablando. Antes de presenciar la unión entre Gran Bretaña e Irlanda (que luego se separaría, aunque sin su parte norte), el reino tuvo que unirse a sí mismo. Incluso hoy en día, Escocia, Gales e Inglaterra se consideran países separados, a pesar de no ser realmente independientes y estar bajo la misma Corona.

Sin embargo, existió un largo período de tiempo antes de que Inglaterra se uniese. Este período de tiempo transcurrió antes de que Guillermo el Bastardo decidiera probar a sus contemporáneos que su apodo bastardo se borraría con una rápida conquista de la isla más grande al noroeste de Europa. Una época antes de la batalla de Hastings y el año 1066. Una época en la que muchos pequeños reinos gobernaron, conquistaron y fueron liberados, una y otra vez, por un grupo específico de personas. Un grupo de personas que es, de hecho, una mezcla de muchos y que los autores posteriores denominarían anglosajones.

Con este libro queremos que nuestros lectores sepan cuán vibrante y animada (así como mortífera) fue la vida en Gran Bretaña durante la quizás mal titulada "Edad Oscura". Con el fin del Imperio romano, los británicos locales quedaron a su suerte, y serían varios grupos de personas de una península en Europa Central los que llegarían a dominar la isla, asegurándose de que su existencia se hiciera notar a través de una serie de reinos, batallas, enfrentamientos, victorias y derrotas. Pero los anglosajones tienen mucho más que ofrecernos a los aficionados a la historia. Podemos aprender sobre su vida cotidiana: cómo se vestían, qué comían y bebían, cómo libraban la guerra o se divertían, cómo enterraban a sus muertos y cómo adoraban a sus dioses. También podemos aprender sobre su arte, sus increíbles piezas de metal y arcilla, impresionantes tapices y docenas de manuscritos ilustrados. Y si carecemos de información sobre lo que pensaban del mundo que los rodeaba, podemos estar satisfechos de que estuvieran dispuestos a decírnoslo ellos mismos, a través de cientos de textos escritos de naturaleza religiosa y secular.

Los anglosajones eran, de hecho, un grupo extraño de personas para tomar el control de Gran Bretaña. Pero no lo hicieron todo de una vez, y al igual que cualquier personaje histórico, tuvieron un período de adaptación, crecimiento, reconstrucción y eventual ascenso a la fama. Y todo tuvo que comenzar en el mismo lugar donde lo dejaron sus predecesores británicos.

Capítulo 1 – La llegada de los anglosajones

La historia de Gran Bretaña ha sido la historia de las conquistas, mezclas, adaptaciones y evolución de diferentes grupos culturales. Antes de la llegada del Reino Unido, casi todo el poder legal (o más bien, real) había estado en manos extranjeras. Incluso si nos fijamos en la historia más antigua de la isla, podemos ver que el poder central pertenecía a una nación (romanos, anglosajones, normandos) proveniente inequívocamente del continente. Y casi cada vez que se apoderaban de la isla, la cultura cambiaba.

Posiblemente la mejor manera de ilustrar cómo funcionaba esto, es usar un ejemplo, no de la historia, sino de la ficción. El autor George R. R. Martin, un gran aficionado a la historia, se inspiró mucho para sus obras en la historia antigua y medieval del mundo, con un enfoque especial en la historia europea y, específicamente, británica.

En la serie "Canción de Hielo y Fuego"[1], la mayor parte de la trama se desarrolla en el continente de Poniente. Resumamos la historia de este continente ficticio. Las primeras personas que vivieron

---

[1] A Song of Ice and Fire, en original

allí fueron los niños del bosque, una alusión a los elfos. Pero luego llegaron los primeros hombres, se libraron guerras, se sellaron pactos y los primeros hombres incluso adoptaron algunas de las costumbres de los niños como propias. Un poco más tarde, diferentes invasores conocidos como ándalos atacaron el continente y asumieron el mando. Se mezclaron con la población local y, poco a poco, reemplazaron a la mayoría de los primeros hombres, pero no a todos, ya que los del norte conservaron la cultura de celebrar a los dioses antiguos de los niños. Los ándalos formaron casas reales, y todos competían por el poder. Sin embargo, casi todos fueron aplastados por Aegon el Conquistador que (casi) unió al continente y fue declarado rey de los Siete Reinos.

Entonces, ¿por qué introducir una pieza de ficción en un libro de historia? Bueno, porque, aparte de inspirarse en otros fragmentos de ficción, Martin basó toda esta historia en la historia temprana de Gran Bretaña. Poniente es claramente la isla de Gran Bretaña, y los niños tienen alguna base en los viejos celtas que habitaban la isla. Sus dioses antiguos también están inspirados en deidades celtas con sus propios vínculos con la naturaleza, los bosques y los prados. Los primeros hombres podrían ser una buena alegoría para los romanos, y los ándalos de la historia se basan de manera más que probable en uno de los muchos grupos de personas germánicas que invadieron la isla después del declive de los romanos. Por el mismo nombre, puede decirse que representan a los anglos. Otro giro de Martin es que sus ándalos trajeron consigo la Religión de los Siete, una alegoría del cristianismo. Por supuesto, en realidad, esto no fue hecho por los anglos, sino por los romanos antes que ellos. Los anglos, los sajones y los jutos simplemente establecieron sus propias diócesis y tomaron el control del clero poco a poco. Históricamente hablando, los anglos, al igual que los ándalos de Martin, se cruzaron con los locales, formaron sus propios reinos y lucharon por la supremacía. Y luego llegamos a Aegon, que está claramente basado en Guillermo, el Conquistador de Normandía. Guillermo tomó gradualmente el control de la isla en 1066, después de la famosa batalla de Hastings, comenzando un nuevo capítulo en la historia de Gran Bretaña, una vez más bajo el dominio extranjero.

De esta manera podemos ver que autores como Martin encontraron la historia de estas personas lo suficientemente fascinante como para reinventarla en sus escenarios ficticios. Pero por el momento, centrémonos en la historia de Gran Bretaña antes y durante la llegada de las tribus germánicas de Europa Central.

La Bretaña romana

Ya en 43 EC, los romanos establecieron el control militar y político sobre la mayor parte de Gran Bretaña. La única área que no pudieron llegar a controlar era lo que hoy en día es Escocia, que en ese momento estaba gobernada por los llamados caledonios. De hecho, el famoso muro de Adriano, construido en 128 d. C., así como el posterior muro de Antonino (la construcción comenzó alrededor de 142 d. C. y tardó un poco más de una década en completarse) se levantaron como construcciones defensivas contra los constantes ataques de los caledonios.

Ciudadanos romanos de todo el imperio vendrían a habitar la isla. Los edificios públicos y privados estaban en constante aumento, y los británicos ganaron los robustos caminos romanos. Si bien no había ningún centro de poder "de alto perfil" en la Gran Bretaña romana, algunos altos funcionarios llamaron a la isla su hogar. Durante el período romano tardío, o más específicamente durante las reformas de Diocleciano en 296, la isla se dividió en cuatro provincias llamadas colectivamente la Diócesis de los Británicos. Estas cuatro se llamaron Britannia Prima, Britannia Secunda, Flavia Caesariensis y Maxima Caesariensis. Sin embargo, en el siglo V, se formó una provincia adicional, Valentía, entre las dos grandes murallas del norte. Un vicario estaba a cargo de la diócesis con su centro en Londinium.

Mapa de Britannia romana c. 410[2]

Con el declive del Imperio romano, los romanos gobernantes prestaron cada vez menos atención a Gran Bretaña. El Imperio romano ya se había dividido a finales del siglo III y principios del siglo IV d. C., y las constantes incursiones de varias tribus bárbaras, junto con las intrigas políticas y los conflictos internos, mantuvieron ocupados a los emperadores en el continente. Alguna que otra vez surgiría alguna figura política problemática, pero terminaría en cuestión de años.

Los historiadores suelen mencionar el año 410 como el año en que el gobierno romano terminó oficialmente en Gran Bretaña. Por supuesto, la historia es un poco más compleja. Por ejemplo, tenemos

---

[2] Imagen original subida por Lotroo, el 19 de febrero de 2013. Recuperado de https://commons.wikimedia.org en marzo de 2019 bajo la siguiente licencia: Public Domain. Este artículo es de dominio público y se puede usar, copiar y modificar sin restricciones.

el período entre 383 y 388 EC, cuando Gran Bretaña fue "gobernada" por el general romano Magnus Maximus. Había sido nombrado general de la isla antes de este período, pero había matado al emperador romano occidental Graciano y se proclamó a sí mismo un César (o un sub-emperador) de la Galia y Gran Bretaña, subordinado solo al emperador Teodosio, el último emperador en gobernar sobre las dos mitades del imperio agonizante. Durante este tiempo, tuvo que lidiar con los pictos, originarios del territorio de la actual Escocia, y los scoti de Irlanda que estaban invadiendo la isla, así como con los sajones, una de las tribus que vendrían a poblar la isla un siglo después. Existe una gran posibilidad de que Maximus incluso hubiera nombrado líderes locales de las tribus para puestos políticos clave. También fue durante su reinado, según algunas fuentes escritas (sobre todo Gildas), que trasladó a la mayoría de sus tropas del muro de Adriano al continente para continuar sus campañas allí. Fue derrotado en la batalla de la Salvación y más tarde en la batalla de Poetovio después de un intento fallido de reclamar las partes orientales del imperio. El propio Teodosio o lo ejecutó en 388.

Un tiempo antes de que Teodosio falleciera, en el 395, tuvo que enfrentarse a otra rebelión por parte de Eugenio, un usurpador que reclamaba la parte occidental del imperio para sí mismo. Después de su muerte, los hijos de Teodosio gobernaron como emperadores de dos "países" distintos, con la parte occidental gobernada por Honorio y la parte oriental por Arcadio. Ninguno de los gobernadores demostró ser un monarca capaz.

Antes de que Honorio cumpliese la mayoría de edad, su suegro Stilicho había realizado la mayor parte del trabajo manteniendo unido al Imperio romano de Occidente. Durante este tiempo, las incursiones de las tribus extranjeras aumentaron hasta el punto de que Stilicho presuntamente se vio obligado a iniciar una campaña de guerra contra los pictos, posiblemente en 398. Pocos años después, aproximadamente alrededor del 401, tuvo que retirar tropas del muro de Adriano para tratar con ostrogodos y visigodos en el continente. El año 402 es el último año en el que Gran Bretaña vio una gran afluencia de monedas romanas, lo que sugiere que el imperio no tenía poder financiero para retener la isla y defenderla adecuadamente. Los pictos, scoti y sajones allanaron en mayor medida que anteriormente, y los lugareños no podían defenderse con la desaparición de los generales romanos.

La última vez que un noble romano llevó a cabo un cambio significativo en Gran Bretaña fue en 407. Menos de un año antes, varias tribus, incluidos los suevos, los alanos y los vándalos, cruzaron el río Rin. Los soldados romanos de Gran Bretaña eran pocos y estaban esparcidos por el territorio, y con la noticia de las tribus bárbaras que cruzaban el río, se unieron para defender a la isla de una posible invasión. Constantino III, un soldado, fue elegido su líder, y poco después, se declaró emperador y cruzó el Canal de la Mancha para buscar apoyo en la Galia. El emperador romano occidental de entonces, Honorio, tuvo que lidiar con la amenaza visigoda, por lo que no tenía mano de obra ni tiempo para lidiar con Constantino. Esto le dio al líder de los romanos británicos la oportunidad de extender su dominio sobre el territorio que pertenece a la España de hoy. Sin embargo, su gobierno demostraría ser breve. Ya en 409, sus tropas comenzaron a abandonarlo, prefiriendo a Honorio. Además, los sajones continentales estaban atacando la Galia a un ritmo alarmantemente creciente. El hijo de Constantino y otros leales a él fueron asesinados poco después, y en 411, el propio Constantino III fue asesinado.

Sin embargo, antes de que esto sucediera, el emperador Honorio sufriría una gran derrota. En 410, los visigodos saquearon Roma, siendo la primera vez que un poder externo tomaba la ciudad en casi ocho siglos. Por supuesto, la corte real ya se había mudado a Ravenna, pero este saqueo fue, sin embargo, un shock para el mundo en ese momento. Durante el mismo año, los británicos locales supuestamente le habrían pedido a Honorio que los ayudara con las incursiones bárbaras que solo habían aumentado desde la época de

Magnus Maximus. En una respuesta llamada Rescripto de Honorio, el emperador supuestamente les habría respondido a los lugareños que se defendieran por sus propios medios, ya que obviamente estaba demasiado ocupado defendiendo las tierras romanas continentales. Algunos historiadores especulan que no escribió el Rescripto para la gente de Gran Bretaña, sino para la gente de Brutio en Italia, conocida hoy como la región de Calabria. En cualquier caso, los eventos políticos en el Imperio romano de Occidente lo dejaron incapaz de defender Gran Bretaña, de ahí que la fecha de 410 generalmente marque el final definitivo del dominio romano en la isla.

Gran Bretaña Subrromana

Habitualmente, la gente piensa que en el año 410 terminaron todos los vínculos entre lo romano y Gran Bretaña, ya que esta no era parte del imperio. Sin embargo, es mucho más probable, incluso sin ninguna evidencia escrita o arqueológica, que la cultura romana se haya prolongado unas décadas más.

Un elemento clave de la cultura romana que sobrevivió en Gran Bretaña es la religión. De hecho, la misa se realizaba en latín, y la mayoría de las fuentes literarias que tenemos de este período señalan que el latín seguía siendo el idioma de la Iglesia. La mayoría de las fuentes escritas de la época sub-romana de Gran Bretaña nos llegan de iglesias, escritos y recopilados por los sacerdotes. La obra "Excidio et Conquestu Britanniae" (Sobre la ruina y la conquista de Gran Bretaña) de Gildas es posiblemente la más conocida de este período, con la Historia eclesiástica gentis Anglorum (Historia eclesiástica del pueblo inglés) del Venerable Bede. Es decir, probablemente Gildas escribió su trabajo a principios del siglo VI, mientras que la Historia de Bede salió alrededor del año 731 d. C. De esta manera, el primero de los dos era un "contemporáneo" más cercano a lo que llamamos Gran Bretaña sub-romana, a pesar de que la brecha existente de al menos un siglo entre que Gildas escribiera su obra y el abandono de los romanos de Gran Bretaña por completo.

La mayoría de los estudiosos ven el trabajo de Gildas como poco fiable. Esto se debe a que no se escribió como una descripción histórica de la Gran Bretaña contemporánea, sino más bien como un sermón donde el sacerdote condena las acciones de las personas que viven en la isla. Sin embargo, si alguna de sus descripciones es cierta, la Gran Bretaña sub-romana prosperó (al menos hasta cierto punto) sin jurisdicción romana directa. Según estas fuentes. la gente participaba en proyectos de reconstrucción, como en los sistemas de alcantarillado y los baños de estilo romano. Esto también se puede extrapolar de los datos arqueológicos reales. La gente aún conservaba la ley romana, y el clero hablaba y escribía en latín. Sin embargo, es más que probable que los romanos originales, es decir, las personas que no eran británicas o realmente cualquier otro grupo étnico, se hubieran mudado o mezclado directamente con los locales.

Sin embargo, la pregunta sigue siendo: ¿qué hicieron los anglosajones en la Gran Bretaña sub-romana?

Bede testifica, utilizando una variedad de fuentes (tanto orales como escritas, ninguna de las cuales es 100% fiable) que cada migración de los anglos, sajones y los jutos se llevó a cabo en tres etapas. La primera etapa incluiría mercenarios individuales visitando y "explorando" el suelo británico. La siguiente etapa fue de migración a gran escala, donde cientos de miembros de la tribu abordarían barcos y se asentarían en Gran Bretaña, lo que generalmente provocaría enfrentamientos con los lugareños. La última etapa fue la del establecimiento de tierras autónomas. Algunas fuentes poco fiables afirman que alrededor de 441 d. C. la mayoría de las provincias británicas estaban bajo el dominio directo de los sajones. Y aunque hay al menos alguna evidencia arqueológica de entierros de anglos y sajones en este período, nada sustancial puede confirmar que fueran los señores del sur de Gran Bretaña durante este tiempo. Gildas afirma en su trabajo que Oriente fue entregado a los sajones como parte de un tratado firmado por los lugareños que ayudó a aliviar algunos ataques de los pictos y los escoceses. Los sajones (o más bien, anglos y sajones, ya que Gildas usó un término específico para cada tribu) compensarían a los lugareños como consecuencia de perder la batalla de Badon en algún momento del siglo V o VI.

Los lectores atentos notarán que ninguna de estas fechas es particularmente precisa o definitiva. Eso se debe a que la Gran Bretaña sub-romana tiene pocas pruebas valiosas que ofrecernos. Lo mejor que podemos hacer es plantearnos suposiciones fundadas en las evidencias arqueológicas, escritas y orales.

Capítulo 2 – Los primeros anglosajones: orígenes e historia previa al asentamiento

El término "anglosajón" es más moderno y es una palabra compuesta que define a los pueblos germánicos que habitaban la isla de Gran Bretaña a principios del siglo V. Los anglosajones no se denominaban a sí mismos de esta manera. Bede incluso los llama por diferentes nombres en diferentes secciones de su Historia Eclesiástica.

Sabiendo esto, es un poco más complicado hablar sobre las costumbres y la vida cotidiana de este grupo de personas antes de establecerse en Gran Bretaña. Incluso la simple división entre anglos y sajones es problemática, ya que Bede también menciona a los jutos. Además de eso, es muy probable que otras tribus germánicas, mucho más pequeñas que estos tres grupos de personas, también hubieran allanado la isla durante su último período romano y sub-romano. Los bátavos, por ejemplo, fueron utilizados por el ejército romano bajo Aulo Plautio para derrotar a los británicos locales ya en el año 43 d. C. en la batalla de Medway durante la temprana invasión romana de la isla. Los frisones también se utilizaron durante este período como combatientes mercenarios y formaron parte de las caballerías romanas cuando Gran Bretaña estaba siendo invadida. Los francos también atacaban ocasionalmente la isla. De hecho, los francos jugarían un importante rol político durante los reinados de algunos reyes anglosajones, ya que sus casas reales mantuvieron estrechos lazos con los señores francos en Europa continental.

La mejor manera de entender la historia pre-británica anglosajona es analizar lo que sabemos de las tres tribus más grandes que Bede menciona en su Historia eclesiástica. Para empezar, tenemos a los anglos. Según la evidencia escrita y arqueológica, los anglos provienen de un área llamada Anglia, una pequeña península en el estado federal alemán de Schleswig-Holstein. Anglia es, en realidad, una parte de la península de Jutlandia, mucho mayor. La mayoría del territorio de Jutlandia conforma la actual Dinamarca. Varias fuentes escritas mencionan que los anglos habitaban estas tierras; Además de Bede, el cronista Æthelweard y el rey sajón occidental Alfredo el Grande identifican esta área como la tierra de los anglos, y un viejo relato de dos días de un viaje de Ohthere de Hålogaland (al que el rey Alfredo tuvo acceso más tarde) afirma que esta tierra todavía estaba habitada por los antepasados de las personas que vivían en la Inglaterra contemporánea.

Por supuesto, también tenemos evidencia arqueológica de que los anglos vivían en Schleswig-Holstein antes de la invasión de Gran Bretaña. El páramo de Thorsberg, un pantano de turba en la península, y Nydam Mose en Dinamarca produjeron una gran cantidad de artefactos que incluyen ropa, armas y herramientas agrícolas. También hay constancia de la existencia de un cementerio de cremación en Borgstedt, también ubicado en Schleswig-Holstein, de donde los arqueólogos desenterraron urnas y broches que coinciden con los encontrados a principios del siglo V en Gran Bretaña. Con todo esto en mente, es seguro decir que hemos identificado la patria de los anglos, y se encuentra en el norte de la actual Alemania.

Con respecto a los sajones, es importante tener en cuenta que su historia continental continuó de manera independiente siglos después de que algunos de los miembros de la tribu se establecieran en Gran Bretaña y comenzaran a formar reinos. Los sajones se originaron en la antigua Sajonia, supuestamente entre los ríos Elba, Eider y Ems. Los registros históricos del siglo I d. C ya mencionaban a los sajones. El historiador romano Tácito enumera una serie de tribus diferentes, incluidos los anglos, que adoran a la misma diosa. Estas tribus fueron las precursoras de los sajones y deben haber sido habitantes de la antigua Sajonia durante el período en que Tácito escribía sobre ellas. El geógrafo grecorromano Ptolomeo también parece mencionar a los sajones en su obra geográfica del siglo II, aunque algunos historiadores rebaten esta alegación. En cualquier caso, los sajones eran un grupo bien establecido de tribus paganas ya un año antes de la dominación romana occidental.

Alrededor del 407 d. C., cuando los romanos no podían defender el Rin, los sajones, junto con los anglos y los jutos y otras tribus menores, comenzaron a intensificar sus ataques contra los británicos, ocupando sus tierras poco a poco. De hecho, las incursiones sajonas fueron tan frecuentes que los romanos construyeron un conjunto de fortificaciones en la costa que recibieron el nombre común de Litora Saxonica, o la costa sajona. Para el año 442, los sajones dominaban más o menos la mayoría de las tierras que alguna vez controlaran los romanos. Sin embargo, la historia sajona en Europa continental no termina allí. Durante los siglos siguientes los anglosajones librarían la guerra contra los reyes recién establecidos. Carlomagno, por ejemplo, dirigió una serie de campañas llamadas guerras sajonas desde 772 hasta 804 d. C. En estos momentos, los sajones todavía eran paganos que se negaban a convertirse al cristianismo. Continuarían desafiando a los francos hasta que el último jefe tribal fuera derrotado en 804, lo que llevó a los francos a subyugar a los sajones y convertirlos al cristianismo por la fuerza. Después de la conquista, la región se reorganizó como el Ducado de Sajonia, y en los siglos siguientes, bajo los sucesores de Carlomagno, los sajones seguirían siendo súbditos bastante leales. Sin embargo, en ocasiones, se rebelarían contra sus señores, como fue el caso durante la rebelión sajona de 1073 contra el rey de la dinastía Salian y el emperador del Sacro Imperio romano Enrique IV.

Los jutos fueron la tercera tribu que Bede menciona en su trabajo. Dicha tribu se originó en la península de Jutlandia, en la actual Dinamarca. Esta ubicación los coloca claramente como "vecinos" contemporáneos de las otras tribus que llegarían a dominar Gran Bretaña, los anglos y los sajones. Al igual que esas dos tribus, los jutos emigraron a Gran Bretaña a principios del siglo V d. C. Sin embargo, en comparación con los anglos y los sajones, los jutos controlaban áreas más pequeñas. Según datos históricos y arqueológicos, podemos suponer que los jutos gobernaron Kent y la Isla de Wight, así como el área que incluye el Hampshire de hoy. Excluyendo a Kent, la mayoría de los jutos simplemente se asimilaron en las tribus germánicas más numerosas que los rodeaban. Algunos autores incluso especulan que el rey de Sajonia Occidental, Cædwalla, cometió algo similar al genocidio o la limpieza étnica de los jutos alrededor de 686 en la isla de Wight, pero no hay pruebas suficientes para respaldar esta afirmación.

Bede afirma que los hermanos Hengist y Horsa llevaron a las tres tribus a Gran Bretaña, aunque es probable que sea una leyenda, ya que no hay registros históricos de ninguno de ellos. Incluso enumera su ascendencia, con uno de sus bisabuelos siendo el propio Odín. Teniendo en cuenta que Bede era cristiano y sacerdote, es muy poco probable que hubiera aceptado la existencia de una deidad pagana, por lo que probablemente atribuyó el nombre de "Woden" a un jefe o rey anterior. Según la leyenda, los dos hermanos navegaron desde Europa continental y aterrizaron en la isla de Thanet, que estaba gobernada por el rey Vortigern de los británicos. Al igual que los hermanos, esta figura también fue probablemente una figura legendaria en lugar de un verdadero rey histórico. Durante su estancia en la isla, los hermanos primero sirvieron al rey, pero luego lo traicionaron. Horsa murió luchando mientras Hengist tomó el control y se convirtió en el primer rey de Kent.

Los nombres de estos dos hermanos están ambos relacionados con caballos. "Horsa" es el más evidente de los dos, literalmente significa "caballo", mientras que "Hengist" se traduce como "semental". Estos hermanos no fueron la única pareja en aparecer como hermanos fundadores de un reino. Otros grupos germánicos e incluso otras culturas indoeuropeas mencionan pares de hermanos similares, lo que lleva a muchos estudiosos a creer que los dos son míticos en lugar de históricos. Sin embargo, su influencia todavía se ve hoy en día, ya que muchas casas en Schleswig-Holstein y la Baja Sajonia moderna (ambos asentamientos originales de anglosajones) llevan aguilones con dos cabezas de caballos cruzadas, típicamente llamadas "Hengst und Hors" en alemán.

Al margen de que los hermanos realmente existieron o no, las tribus germánicas de Jutlandia y la Vieja Sajonia se establecieron en Gran Bretaña a principios del siglo V después de décadas de incursiones y ataques contra la población local. Poco después, comenzaron a formar sus propios países y coronar a sus propios reyes, un tema que cubriremos en breve. Pero es fascinante saber que Gran Bretaña, un reino que llegará a gobernar casi una cuarta parte del mundo tanto en extensión como en población, provino de tan humildes comienzos. Los reyes y reinas del Reino Unido no habrían existido si no hubiera sido por grupos de tribus paganas que decidieron emigrar a una isla que una vez simplemente atacaron para evitar el colapso de un imperio mayor diferente. Cuando tomamos todo en cuenta, podemos ver la historia de los primeros anglos, sajones y jutos como un recordatorio de que incluso las culturas más grandes provienen de orígenes humildes.

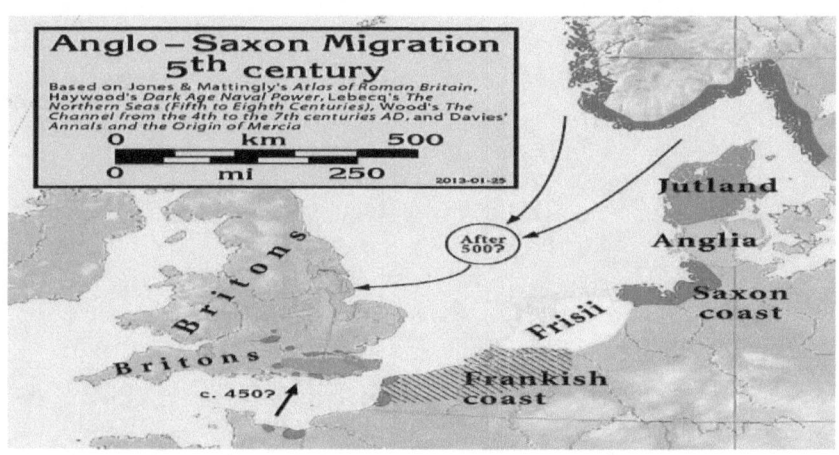

Mapa de la migración anglosajona en el siglo V, con Jutlandia, Anglia y la costa sajona [3]

---

[3] Imagen original subida por Notuncurious el 25 de enero de 2013. Recuperado de https://commons.wikimedia.org/ en marzo de 2019 con modificaciones menores bajo la siguiente licencia: Creative Commons Attribution-Share Alike 3.0 Unported. Esta licencia permite a otros remezclar, ajustar y desarrollar su trabajo incluso por razones comerciales, siempre y cuando lo acrediten y otorguen licencias de sus nuevas creaciones bajo los mismos términos.

Capítulo 3 - La cultura de los anglosajones: religión, costumbres, jerarquía social, cristianismo primitivo

Los anglos, los sajones y los jutos pertenecían a un importante grupo de personas indoeuropeas denominado como pueblos germánicos. Como muchas culturas indoeuropeas tempranas, la cultura germánica giraba en torno a una religión politeísta. Sin embargo, diferentes regiones tenían diferentes "posiciones" cuando se trataba de sus panteones. Por eso, por ejemplo, los historiadores e investigadores aún no pueden decidir qué deidad era la más importante de los dioses eslavos.

Hay una razón importante por la que mencionamos esto cuando se habla de los anglosajones. Antes de convertirse al cristianismo, no existía ningún registro escrito de su vida cotidiana. Como tal, la mayoría de las fuentes que tenemos sobre los anglosajones provienen de autores posteriores, como Bede y Stephen de Ripon, el escritor de La vida de San Wilfrid. Sin embargo, estos y otros documentos fueron escritos desde el punto de vista de la Iglesia. En otras palabras, los autores realmente no trataron tanto con las tradiciones paganas como con el cristianismo mismo. Cuando leemos estos textos, solo encontramos indicios de costumbres precristianas, una o dos palabras aquí, una línea allí. Pero nada extenso, nada concreto. Ciertamente, nada que pueda ayudarnos a reconstruir lo que los ancestros de los ingleses realmente creían.

Por supuesto, hay otras pruebas, como restos arqueológicos encontrados en antiguas tumbas. Una manera de saber en qué creían ciertos pueblos antiguos es analizar cómo enterraban a sus muertos. En la abrumadora mayoría de los casos, una persona de estatus superior tendría un entierro elaborado. Sin embargo, esto no se limitaba solo a reyes y reinas. Otros miembros menores de las clases dominantes, como sumos sacerdotes y soldados distinguidos, serían enterrados en tumbas extravagantes con todas sus pertenencias. Hablaremos de estas costumbres funerarias un poco más tarde.

Naturalmente, el lugar más intrigante para poder hallar rastros de la religión anglosajona se encuentra dentro del propio lenguaje. Los lingüistas y etimólogos han examinado los diferentes nombres de los asentamientos en busca de pistas sobre su historia más temprana. A menudo, los anglosajones (así como los británicos nativos antes que ellos) nombrarían sus ciudades por una de sus deidades o una práctica religiosa particular. Por ejemplo, términos como hearh, leah y weoh se traducen, respectivamente, como "santuario", "bosque sagrado" o "templo o santuario de un dios". Estas palabras se combinarían con el nombre de una deidad existente, y las culturas posteriores simplemente adoptarían ese nombre a medida que las ciudades crecieron.

Entonces, ¿quiénes fueron los dioses de los primeros anglosajones? Bueno, es más que probable que su panteón fuera similar, si no el mismo, que el de otras tribus germánicas como los escandinavos. Incluso hay similitudes en los nombres de estos dioses. Por ejemplo, el dios cuyo nombre mencionan con mayor frecuencia los autores medievales en relación con los antiguos anglosajones es

Woden. Podemos suponer que fue la principal deidad del panteón anglosajón considerando cuántos reinos posteriores lo reclaman como su antepasado. Los reyes de Kent, Wessex, Mercia y Anglia Oriental creían que provenían de Woden. Si comparamos su nombre con otros dioses germánicos, no sorprende que la mayoría de los etimólogos y expertos en religión antigua lo asocien con Odín. Si Woden realmente es solo una pronunciación diferente del dios nórdico titular, podemos suponer que estaba a cargo de la sabiduría, la muerte, la curación y otros deberes comúnmente atribuidos a Odín. Varias ciudades en Gran Bretaña contienen el nombre de Woden, por ejemplo Wenslow, Wensley, Woodnesborough y Wansdyke. Wensley, en particular, combina el nombre de Woden con el término leah, lo que significa que Wensley era el "bosque sagrado de Woden". Woden también era conocido como Grim en este momento, por lo que lugares como Grimsbury, Grim's Hill y Grim's Dyke también hacen referencia a este dios.

Otras deidades también aparecen con frecuencia en los nombres de lugares británicos. Tiw o Tiu (un posible equivalente de Tyr) es un dios cuyo nombre podemos ver en Tuesley, Tysoe y Tyesmere. Luego está Thunor (cuya contraparte nórdica podría ser Thor), y lugares como Thundersfield, Thunderley y Thundersley llevan su nombre. Teniendo en cuenta que algunos de estos lugares tienen el término "bosque sagrado" en ellos, es seguro decir que estos fueron los lugares donde los anglosajones adoraban a estos dioses en particular. Por supuesto, también está la diosa Frigg. Hasta ahora, no se ha hallado evidencia concreta de que los anglosajones la adorasen directamente en Gran Bretaña, pero algunos estudiosos sugieren que ciudades como Frobury, Freefolk, Froyle y Frethern contienen su nombre.

Otras deidades menores también podrían haber formado parte de este panteón. Dioses como Seaxneat, Ingui y Geat, así como las diosas Eostre y Hretha, aparecen en varias fuentes escritas en la literatura cristiana anglosajona temprana. Pero incluso hay fuentes anteriores.

Tácito menciona en su trabajo Germania que los anglosajones, junto con otras tribus germánicas, adoran a la Madre Tierra a la que llaman Nerthus. Si bien no hay evidencia directa de que los sajones continuaran esta práctica cuando emigraron a Gran Bretaña, es posible que su adoración sobreviviera de una forma diferente.

Probablemente el ejemplo más famoso de nombres de dioses usados en el idioma anglosajón de hoy en día se puede ver en los días de la semana. De hecho, esta práctica provino del sistema de nombres romanos, pero casi todos los dioses romanos fueron reemplazados por sus equivalentes germánicos. El lunes se traduce como "día de la luna" y hace referencia al dios Mani. El martes obviamente está reservado para Tiu o Tyr. El miércoles es el más obvio aquí, refiriéndose a Woden. Luego está el jueves, reservado para Thunor o Thor. El viernes hace referencia a la diosa Frigg, mientras que el domingo, o "día del sol", está dedicado a la diosa Sol. El único día de la semana que no obtuvo un equivalente anglosajón / nórdico es el sábado, que se traduce como "el día de Saturno". Obviamente, Saturno es un dios romano, y si los anglosajones hubieran querido reemplazar su nombre con su propio equivalente divino, probablemente habrían elegido a Ymir.

La religión anglosajona también podría haber incluido seres menos fantásticos, como elfos, dragones y enanos. Algunos asentamientos antiguos contienen palabras como thrys o draca que significan "gigantes" y "dragón", insinuando que los anglosajones creían en ellos. Otros términos incluyen puca (demonio o duende), scinna (espectro o fantasma), hægtesse (bruja) y skratti (demonio, brujo). Pero hay un aspecto clave que debemos tener en cuenta aquí. A partir de 793 d. C., las incursiones vikingas en Gran Bretaña se hicieron frecuentes. Por lo tanto, se puede afirmar que algunos de estos nombres podrían provenir de los invasores vikingos que se establecieron en la isla. Tanto los anglosajones como los vikingos son de origen germánico, por lo que no sería extraño que tuvieran creencias similares y usaran una terminología más o menos similar. Pero incluso si eliminamos a los vikingos de la ecuación, los nombres de lugares anglosajones podrían haber surgido incluso después de haberse convertido en cristianos.

Excavación de la nave funeraria Sutton Hoo, 1939

Costumbres anglosajonas

Como se comentó con anterioridad, sabemos poco de los primeros dioses anglosajones, y la mayoría de lo que sabemos de sus fuentes contemporáneas es información de segunda mano. Como tal, es difícil hablar sobre las costumbres de los anglosajones con total certeza. Sin embargo, los restos arqueológicos e incluso las pistas lingüísticas nos proporcionan algunos fragmentos de información.

La evidencia más directa de las costumbres anglosajonas radica en cómo realizaron sus entierros. A lo largo de los años, los arqueólogos han desenterrado muchas tumbas que datan del siglo V. Algunos de

---

[4] Imagen original subida por Hoodinski, el 23 de marzo de 2011. Obtenido de https://commons.wikimedia.org de marzo 2019 bajo la siguiente licencia: Dominio Público. Este artículo está en el dominio público y se puede usar, copiar y modificar sin restricciones.

estos sitios incluyen la tumba real de Prittlewell, Sutton Hoo, el cementerio de Spong Hill, Fordcroft y Buckland. Cada uno de estos sitios ofrece a los investigadores una gran cantidad de artefactos que insinúan el estado de los individuos enterrados, sus posibles creencias religiosas, su sexo y, a veces, incluso la causa de la muerte.

En Spong Hill, podemos encontrar 2.316 entierros diferentes, de los cuales solo 57 inhumaciones. El resto fueron cremaciones. Su número elevado nos permite sugerir que varias ciudades usaron esta área para entierros. La práctica de la cremación generalmente está vinculada a las culturas precristianas, teniendo en cuenta que en aquellos tiempos la Iglesia no permitía esta práctica. Sabiendo eso, podemos asumir con seguridad que los primeros anglosajones, antes de la conversión, tenían la costumbre de incinerar a sus seres queridos cuando morían.

Pero no solo los cristianos realizaban inhumaciones. De hecho, las primeras sociedades paganas también tenían la costumbre de enterrar a sus muertos sin quemar los cuerpos. Saber esto complica aún más datar las tumbas en fosas comunes como las de Spong Hill. Después de todo, los anglos y los sajones podrían haber tenido diferentes costumbres funerarias por separado antes de migrar a la isla.

Afortunadamente, hay una manera de distinguir las inhumaciones cristianas de las paganas. A medida que Inglaterra se hacía cada vez más cristiana, los gobernantes y sacerdotes tenían funerales más modestos. Este no es el caso con los gobernantes paganos, y no tenemos que mirar a los anglosajones para saberlo. Incluso los primeros sumerios enterraron a sus muertos con una gran cantidad de bienes materiales, al igual que los egipcios e incluso las primeras sociedades europeas. Si bien existen diferencias con respecto a sus métodos y la cantidad de material con el que se enterraba el cadáver, en general estas culturas creían que la persona enterrada se llevaba los objetos con ella a la otra vida. Los anglosajones seguramente tenían el mismo estándar. En otras palabras, un guerrero enterrado podría necesitar espadas, dagas, escudos y armaduras en la otra vida, pero también podría necesitar oro, comida y ropa decente. A veces el entierro sería algo extravagante, como el caso del noble enterrado con su caballo en Sutton Hoo. En Essex, cuando se exhumó la tumba de un niño se descubrió que lo habían enterrado con un perro, lo que sugiere que el animal era la mascota del niño. En 1939, los arqueólogos desenterraron un barco completo en Sutton Hoo. Ese barco contenía una enorme cantidad de artículos, algunos de los cuales muy elaborados como hombreras, una tapa de bolso, una hebilla dorada y el famoso casco de Sutton Hoo. Obviamente, la persona enterrada debía tener el estatus más alto en la sociedad británica contemporánea, muy probablemente un rey. Los historiadores creen que fue Rædwald de Anglia Oriental quien gobernó ese mismo reino desde 599 a 624 d. C. Si bien el entierro en sí tiene elementos paganos definidos, Rædwald se convirtió al cristianismo en los primeros años de su reinado. Por supuesto, si este lugar de entierro en realidad es suyo y realmente se convirtió al cristianismo, eso plantea más preguntas sobre la riqueza y la naturaleza de la tumba.

Desafortunadamente, no se puede comentar mucho sobre los entierros de la gente común a partir de estos hallazgos. Sin embargo, podemos suponer qué roles de género tenían hombres y mujeres en ese momento. Por ejemplo, la mayoría de las tumbas masculinas que fueron exhumadas contenían cuchillos y lanzas. Estos hallazgos sugieren que se esperaba que los hombres fueran cazadores, granjeros o guerreros. Las mujeres anglosajonas generalmente fueron enterradas con artículos de costura y herramientas de tejido, lo que significa que estaban a cargo de hacer la ropa. Cabe señalar que ambos sexos tenían ejemplos de funerales elaborados y ricos, por lo que algunos estudiosos especulan que las primeras mujeres también tenían cierto poder.

Entonces, eso es lo que sabemos de los entierros. Pero ¿qué pasa con las prácticas religiosas cotidianas de los anglosajones? ¿Se puede saber cómo realizaban sus rituales, cómo adoraban a sus dioses y cómo influía la religión en su vida cotidiana?

Lamentablemente, la mejor evidencia que tenemos de esto nuevamente se basa en información escrita de segunda mano, y primeros topónimos. Decimos "tristemente" porque, si bien estas pruebas pueden ser una buena fuente de información, todavía necesitamos ejemplos concretos de adoración y costumbres anglosajonas. Si no tenemos estos, todo lo que tenemos son suposiciones bien fundadas. De cualquier manera, aventurémonos en las suposiciones.

Varios nombres de lugares en Gran Bretaña sugieren sacrificios de animales. Gateshead y Worm's Heath son dos de esos lugares, con sus nombres originales que significan "cabeza de cabra" y "cabeza de serpiente" en inglés antiguo. Tenemos incluso registros escritos de sacrificios de animales que ocurrieron en los primeros reinos ingleses, aunque los reyes comenzaron a prohibir la práctica en el siglo VII. Incluso hubo lugares donde se encontraron cadáveres de animales enterrados junto a grupos de cuerpos humanos. La mayoría de ellos eran bueyes, pero algunas cabezas de cerdos y jabalíes también fueron desenterradas. Lamentablemente, no podemos decir con certeza si estos animales fueron enterrados durante un ritual de sacrificio o si los anglosajones simplemente enterraron carne fresca con el cuerpo del difunto como alimento para el más allá.

Mientras que los sacrificios de animales podrían haber ocurrido en ese entonces, los sacrificios humanos en la época anglosajona siguen siendo un tema de debate. Simplemente no hay una evidencia de la muerte de humanos por propósitos rituales. Lo que sí tenemos son los 23 cadáveres de Sutton Hoo que parecen formar un círculo alrededor de un área donde solía estar un árbol, así como el cadáver de una mujer en Sewerby que podría haber sido enterrada viva con su esposo. Ambas afirmaciones son cuestionadas por científicos e historiadores, por lo que es difícil decir si realmente representan un sacrificio humano o no.

Por otra parte, apenas sabemos nada de los sacerdotes paganos anglosajones. Bede los menciona de pasada, y la arqueología no ha arrojado nada concluyente. Hubo cadáveres que se identificaron como hombres pero que vestían trajes elaborados de aspecto femenino que sugerirían el sacerdocio. Sí sabemos que la gente creía en las brujas y la magia considerando que la clase dominante cristiana intentó prohibirlas en el siglo IX.

Si hay que creer en las reglas y regulaciones de la iglesia a partir del 680, entonces se puede afirmar que los sacerdotes tenían problemas con los lugareños que todavía veneraban árboles y pilares sagrados. Sin embargo, dentro de los escritos del sacerdote Aldhelm de este período, no se menciona una referencia clara a estos pilares. Él los llama "pilares crudos", pero también menciona que tienen cabezas de ciervos y serpientes en la parte superior. Ciertos académicos creen que Aldhelm no estaba hablando de los pilares reales (o menhires) parecidos a tótems, sino más bien a verdaderas cabezas de animales encima de púas. Cualquiera de estas suposiciones encaja bien con las costumbres germánicas de la Europa continental, por lo que no estarían realmente fuera de lugar en la Inglaterra anglosajona, incluso a fines del siglo VII. Sin embargo, hay que destacar un detalle en la descripción de Aldhelm de estas prácticas: elogia el hecho de que la mayoría de los sitios sagrados para los paganos que aún vivían en Gran Bretaña se convirtieran en sitios sagrados cristianos, como en iglesias. La razón por la cual esta información es interesante para nosotros es que, si los anglosajones adoraran a sus dioses venerando árboles altos o incluso postes de madera, sería muy fácil convertir estos lugares en sitios cristianos. En el caso de los árboles, todo lo que los funcionarios de la iglesia tendrían que hacer es establecer un nuevo edificio de la iglesia justo al lado. Cuando se trata de los postes masivos, un poste horizontal adicional sería suficiente para convertirlos en cruces.

El casco Sutton Hoo (reconstrucción de 1971)[5]

La estructura social de los anglosajones

Como la mayoría de las culturas tribales europeas, los anglosajones tenían su propia forma de estratificación social. Sus líderes eran jefes tribales que más tarde llevarían el título de "rey" (el propio sustantivo inglés "king" proviene del inglés antiguo *cyning*, que significa "jefe"). Los varones tenían derechos hereditarios, pero no tenían todo el poder, como veremos en breve. Sin embargo, el rey era más que un simple gobernante. También era el juez principal, posiblemente el sumo sacerdote, y un comandante militar, lo que hoy llamaríamos un "comandante en jefe". Por supuesto, debemos enfatizar el "él" porque hasta que María I Tudor (conocida en la historia como Bloody Mary) llegó al poder, ninguna mujer había gobernado oficialmente ninguno

---

[5] Imagen original cargada por geni el 28 de diciembre de 2016. Recuperado de https://commons.wikimedia.org/ en marzo de 2019 con modificaciones menores bajo la siguiente licencia: Creative Commons Attribution-Share Alike 4.0 International. Esta licencia permite a otros remezclar, ajustar y desarrollar su trabajo incluso por razones comerciales, siempre y cuando lo acrediten y otorguen licencias de sus nuevas creaciones bajo los mismos términos.

de los reinos anglosajones. El rey gobernaba hasta su muerte, y después un consejo de ancianos y nobles de alto rango, el witena gemōt, era el encargado de elegir al nuevo rey entre los miembros de la familia real. Por lo general, el título iría al hijo vivo más viejo del último rey, y los hijos bastardos no podían tener ningún título a menos que fueran legitimados de alguna manera. Por supuesto, sería un bastardo, Guillermo el Conquistador, quien tomaría el control de toda Gran Bretaña a mediados del siglo XI, pero ese es un tema en sí mismo que merece un libro completo.

La razón por la cual el término "rey" (o "King", en inglés) se mantuvo como el título oficial se debe a su raíz, cynn. Cynn significa "familia, linaje", pero el mejor término para describirlo es en realidad la palabra moderna que proviene de él, "parentesco". Los anglosajones practicaban la realeza sacra, donde cierta familia representaría a los dioses (más tarde el Dios cristiano) en la tierra. Esto se relaciona bien con muchas de estas casas que reclaman parentesco con el dios supremo Woden. Con eso en mente, podemos ver al rey anglosajón como el representante de dios en la tierra, aunque este papel podría haber cambiado ligeramente con la conversión al cristianismo.

El rey estaba en la cima, pero la sociedad anglosajona tenía una larga lista de títulos para sus otros miembros. Un título, directamente debajo del rey, era *Ætheling*. Los *Æthelings* solían ser príncipes jóvenes que eran herederos evidentes del trono. Sin embargo, los historiadores creen que el título podría haberse utilizado simplemente para distinguir a cualquier miembro joven de alta nobleza antes de que los reyes se volvieran más poderosos en la isla, después de lo cual se convirtió en un término específico para las familias reales. Los *Æthelings* también se mencionan en obras de ficción como Beowulf, en sus primeras líneas, nada menos. De acuerdo con un documento antiguo que probablemente data de los años 900, si alguien matase o dañase de alguna manera a un *Ætheling*, tendría que pagar una suma de 15,000 thrymsas (moneda medieval anglosajona) o 11,250 chelines. Cada hombre tenía un weregild, es decir, su valor en oro que debía pagarse como compensación si se cometía un delito contra ellos. En comparación, un arzobispo típico costaba tanto como un *Ætheling*, mientras que el daño al propio rey era el doble de esa cantidad.

Entonces, los *Æthelings* eran una clase interesante, sin duda, aunque no podemos estar seguros sobre si tenían algún poder político mientras que el rey estuviera vivo y gobernando. Algunos historiadores afirman que los reyes anglosajones podrían haber gobernado no como monarcas, sino como diarcas. En otras palabras, un solo reino podría haber sido gobernado por dos reyes, y tendría sentido que uno de esos dos fuera el heredero aparente y pariente del gobernante principal. Por esta razón, los *Æthelings* fueron venerados tanto como cualquier rey.

Pero los *Æthelings* también se veneraban en la literatura y la poesía. Cuando leemos poemas anglosajones tempranos, vemos el término *Ætheling* para describir a hombres buenos de corazones nobles y puros. Tanto Beowulf como Jesucristo son descritos como *Æthelings* algunas veces en la escritura medieval. Con el tiempo, sin embargo, este título cayó en desuso, y algunas formas del término sobrevivieron en Gales como "edling", que simplemente describía al típico heredero masculino.

Ealdorman era un título que tenía diferentes significados en momentos distintos. La mayoría de la gente vería este término y pensaría "Hey, estos son los primeros condes, ¿verdad?" (por su similitud con el término inglés "earl" que quiere decir "conde"). Y estarían en lo correcto. Es muy probable que el título de conde haya evolucionado de ealdorman, pero todavía tenemos un título que suena similar hoy: concejal, alguien que sirve en un consejo municipal. Los *ealdormen* fueron en realidad mucho más influyentes en su día. A saber, un ealdorman típico sería un miembro de la familia real o de otra alta nobleza. Antes del siglo VIII, actuaban más o menos independientemente del rey. Sin embargo, en años posteriores, los ealdormen representarían a los antiguos reyes de los territorios que los poderes mayores tomaron bajo su control. En cualquiera de estas posiciones, los ealdormen ejercían un gran poder. Controlaban los impuestos y los tribunales locales, y llevaban a sus hombres a la batalla si era necesario para la guerra. Cualquier miembro de la clase ealdorman era muy respetado en la comunidad, especialmente si pertenecían a un antiguo linaje real. Con el tiempo, estos hombres tomaron el control de vastas extensiones de tierra, algunas tan grandes que abarcarían la totalidad de los antiguos reinos. A medida que las cortes se irían centralizando más e Inglaterra se acercase a un reino unido, los *ealdormen* del sur comenzarían a asistir a las reuniones de la corte. Sin embargo, los historiadores no pueden estar seguros de si los *ealdormen* del norte asistieron tan activamente. Con todo, esta era la clase más alta después del rey y su heredero directo.

Directamente debajo de los ealdormen estaban los altos *reeves*. Los historiadores a menudo asocian este término con el antiguo asentamiento de Bamburgh, donde a menudo usarían el término "high-reeve" (gran revee) para sus propios magnates y señores independientes. Sin embargo, hay evidencia de que otros miembros de baja nobleza en toda la Inglaterra anglosajona llevan este título. Los *high-reeves* tenían que responder directamente a un *ealdorma*n, pero aún podían liderar ejércitos locales y provinciales de forma independiente.

Reeves era una clase por debajo de los altos *reeves*, y supervisarían directamente una mansión, una ciudad, un distrito o cualquier cosa de tamaño similar. Antes de entrar en lo que era responsabilidad de un reeve, deberíamos mencionar cómo se estructuraba la tierra a principios de la Inglaterra medieval. Es decir, si alguien tenía tierra cultivable para un hogar, tenía un *hide*. Diez *hides* constituirían un *tything*, mientras que diez *tything* formaban un *hundred*. Pero no terminaba ahí. Si tenías varios hundreds, obtendrías una unidad administrativa llamada *shire*. El término en sí se usa a menudo en nombres de lugares, como Berkshire, Cheshire, Worcestershire, Yorkshire, etc.

Con todo esto en mente, podemos entender que diferentes unidades de tierra serán controladas por diferentes tipos de *reeves*. La lista incluía *shire-reeves* (el origen del sheriff de hoy en día), *town-reeves*, *port-reeves*, *reeves* de *hundreds* y *reeves* de mansiones. Un reeve típico tenía el poder de un policía local, o inspector de trabajo y gerente. En resumen, tenía que cuidar el territorio que le asignaban sus señores.

La siguiente clase social fue *Thegns*. En un principio era un término utilizado para militares que eran leales al rey. Gradualmente se transformó en un término que designaba a los miembros de la clase baja que trabajarían en diferentes unidades de tierra, como en los *hundreds*. Estaban directamente por debajo de los *ealdormen* y *reeves*, pero a veces, un rey podía elegir su propio *Thegn* personal a quien solo él podía deponer. Todos estos títulos eran títulos de hombres libres, y el más bajo es el *ceorl*, también conocido como *churl*. Este mismo término nos dio los nombres de Charles y Carl. Los *churls* podían cultivar tierras sin muchas restricciones, y su lealtad era hacia el rey. En pocas palabras, eran libres de cultivar y vivir sus vidas, a diferencia de las clases debajo de ellos. Durante el reinado de los reinos anglosajones, las iglesias no tuvieron muchos problemas legales con su propiedad de la tierra. Sin embargo, con la conquista de Guillermo el Conquistador, esta clase comenzó a erosionarse lentamente. En algún momento, el término "churl" comenzó a usarse como peyorativo hacia las clases bajas en general. Sin embargo, su significado original no tenía nada que ver con la clase; simplemente significaba "hombre" o "esposo"

Los *cotters* eran similares a los *churls*, pero a diferencia de ellos, no podían poseer tierras. Tenían que alquilar tierras cultivables a los señores locales, lo que los subordinaba directamente a ellos. En años posteriores, después de la Conquista, los *cotters* trabajarían bajo una nueva clase llamada *villeins*, de características similares.

Los últimos en la lista eran los esclavos. Oficialmente, la esclavitud fue abolida en el Reino Unido en 1833 con la Ley de Abolición de la Esclavitud. Sin embargo, incluso durante el período anglosajón, la gente sentenciaba a los traficantes de esclavos a pagar el *weregild* del hombre que vendían. No importaba si este hombre había cometido algún delito; el vendedor todavía tenía que pagar la multa. Los esclavos como clase en Gran Bretaña en ese momento no tenían libertades civiles. Antes de que los reinos se establecieran en la isla, las tribus anglosajonas capturaban a los británicos locales y los utilizaban para trabajos esclavos. Las guerras también eran buenas oportunidades para conseguir un nuevo lote de esclavos, y las familias incluso podían vender a sus propios hijos como esclavos para pagar deudas pendientes. Estas prácticas no eran tan diferentes de la esclavitud durante los antiguos reinos e imperios mesopotámicos. Los parientes de los esclavos incluso podrían comprar la libertad de sus parientes cautivos, y si una persona se convertía en esclava debido a una deuda, podrían resolverla en varios años y recuperar su propia libertad.

Hay evidencia de que se produjeron intercambios de esclavos incluso después de 1066. A pesar de los impuestos y las sanciones legales, los anglosajones todavía vendían esclavos ocasionalmente a otros reinos en el continente.

El cristianismo primitivo

Cristianizar los reinos anglosajones llevó bastante tiempo. No solo la religión pagana seguía siendo muy fuerte, sino que incluso después de que los primeros reyes cristianos comenzaran el proceso de conversión, había monarcas y súbditos que volverían a sus antiguas creencias. Fue un proceso difícil, que comenzó en 597 en Kent.

El primer gobernador anglosajón en convertirse al cristianismo fue el rey Æthelberht de Kent. Su propia esposa, Bertha, era de nobleza merovingia y cristiana, y le permitió restaurar una antigua iglesia romana y adorar a Cristo. La iglesia que ella restauró es la famosa

Iglesia de San Martín en Canterbury. Algún tiempo después de este evento, Æthelberht le escribió al papa Gregorio I en Roma y le pidió que enviara misioneros para comenzar a convertir a los Kentish. Esto fue lo que hizo en 597 un hombre llamado Agustín, que se convertiría en el primer arzobispo de Canterbury. Aunque inicialmente no estaba demasiado entusiasmado con esta misión, Agustín logró, con la aprobación de Æthelberht, convertir 10.000 de los súbditos del rey antes de Navidad. ¡Eso significa 10,000 personas en menos de nueve meses!

Durante el año 601, Agustín había estado tratando de expandir su misión a otras ciudades. Designó a dos obispos, Mellitus y Justus, en Londres y Rochester respectivamente, pero no logró convertir a tantos hombres como su misión requería. Murió en 604 antes de poder ver su nuevo monasterio, la Iglesia de San Pedro y San Pablo, terminado y en funcionamiento. Fue enterrado allí y luego venerado como San Agustín de Canterbury, el primer arzobispo de Canterbury y el "apóstol de los ingleses". Un poco más de una década después, el rey Æthelberht también murió, dejando a Kent en "ruinas" religiosas a medida que los paganos comenzaron a reclamar la autoridad.

Unos años más tarde, en 664, el rey de Northumbria, Oswiu, junto con el obispo San Wilfrid, decidió seguir las leyes de la Iglesia romana y renunciar a las prácticas celtas. Según su decisión, discutida y aceptada durante el Sínodo de Whitby, la Iglesia debía responder solo al arzobispo y al papa en Roma, no a los monarcas locales. Además, los arzobispos de Canterbury recibirían, desde ese momento en adelante, sus palios del papa, y esta tradición permanecería más o menos igual hasta la Reforma.

El cristianismo todavía era muy novedoso, incluso dos siglos después del audaz movimiento de Æthelberht y la decisión de Oswiu en Whitby. Sin embargo, los misioneros anglosajones ya estaban vagando por el continente para convertir a los francos al cristianismo. San Bonifacio fue una figura instrumental en este movimiento, y comenzó a instar a las conversiones de los sajones continentales a fines del siglo VII. Incluso durante las últimas tres décadas del siglo VIII, cuando Carlomagno gobernaba sobre vastas franjas de Europa Central, los misioneros anglosajones estaban convirtiendo a la población local. Sus misiones fueron fundamentales para cristianizar los estados germánicos recién formados, y cada misión posterior a otras áreas de Europa provino del Sacro Imperio romano.

Por otro lado, es un poco decepcionante lo poco que sabemos de las costumbres paganas de la época de los primeros anglosajones. También es frustrante cuando nos enteramos de que muchos de sus lugares sagrados se convirtieron en iglesias o simplemente se eliminaron. Los nombres de lugares y los restos arqueológicos solo pueden ofrecernos pistas, pero para comprender cómo operaban los antiguos paganos anglosajones, necesitamos más información. Por otro lado, sin embargo, es interesante ver cuán turbulento fue realmente el cristianismo inglés primitivo. Es realmente sorprendente ver cómo una nueva religión se extendió tan rápido en un área tan pequeña y luego influyó en todo un continente.

Capítulo 4 - La vida cotidiana de la Inglaterra anglosajona: trabajos y división del trabajo, comida y bebida, ropa, arquitectura, viajes, guerras, normas de género y edad, arte, obras escritas

Empleos y división del trabajo

Los anglosajones pudieron haber comenzado su interacción con Gran Bretaña como asaltantes y guerreros, pero a medida que continuaron estableciendo la isla, su estilo de vida no diferiría demasiado de cualquier otra comunidad medieval temprana. Por supuesto, no hace falta decir que los anglos, sajones y jutos no eran marineros y asaltantes cuando todavía estaban en Europa continental. Tenían que producir y proporcionar alimentos a sus familias, crear y reparar armas y armaduras, hacer ropa y zapatos, difundir la palabra de Dios a los laicos, intercambiar bienes, construir casas y mantener el orden dentro de su comunidad.

Ya hemos comentado la jerarquía social de los primeros anglosajones, desde reyes hasta esclavos, por lo que podemos ver en estas clases cuáles eran algunos de los deberes sociales tanto de los nobles como de la gente común. En términos muy generales, los *ealdormen* tenían poder político y judicial. Elegirían al nuevo rey de su familia, aprobarían leyes, juzgarían a posibles criminales, llamarían a guerras y harían cumplir las leyes. No tenían funciones tan prácticas como los *reeves* locales, que eran responsables tanto de la tierra que poseían como de las personas que trabajaban o vivían en ella. En otras palabras, los nobles eran responsables de hacer cumplir la ley.

También es evidente que los sacerdotes tenían privilegios. Después de todo, eran responsables del apoyo espiritual a la comunidad local. Si tomamos toda la evidencia sobre los reinos paganos como cierta (a pesar de las reticencias ya mencionadas en capítulos anteriores), podemos suponer que los rituales eran una parte importante de "mantenerse con vida". En noviembre, según una colección de obras conocida como Martirología inglesa antigua, los sacerdotes sacrificaban mucho ganado a sus dioses. Por lo general, estos sacrificios debían apaciguar a los dioses para que, a su vez, pudieran dar a las personas condiciones climáticas propicias y evitar que murieran de hambre o de peste. Con los sacerdotes cristianos, los privilegios eran aún mayores, pero también lo eran las responsabilidades. Incluso con la llegada de Agustín en 597 y su trabajo posterior, la gran mayoría del país era pagana, y todos necesitaban conversión. Teniendo en cuenta que el viaje en ese entonces se hacía a pie o a caballo, y que la mayoría de los reyes paganos se oponían completamente a la conversión al cristianismo y tenían ejércitos que los respaldaban si algún cristiano quería convertirlos por la fuerza, la conversión de Agustín de 10,000 personas de Kent en cuestión de meses realmente merece un gran respeto.

Entonces tenemos a nobles y sacerdotes, cuyo trabajo era mantener la ley los unos, y proporcionar apoyo religioso y difundir la palabra de Dios, los otros. Pero había otros trabajos en la Inglaterra anglosajona en gran parte realizados por los miembros más pobres de la sociedad, ya fueran *churls* o esclavos.

La ocupación más común era la de agricultor. Los agricultores normalmente eran hombres, y tendrían su campo, el *hide* mencionado anteriormente. En este punto de la historia, los arados se habían desarrollado para cortar más profundamente el suelo, lo que producía mejores cultivos. Era, por supuesto, común usar bestias de carga para esta tarea. Pero incluso con la ayuda de animales y con mejores arados, el trabajo en la granja todavía era increíblemente difícil.

Pero la comida no solo procedía de la agricultura. Otros hombres a menudo iban a cazar, y no era tan raro llevar a tu hijo de diez años contigo. La pesca era otra forma de obtener alimentos, especialmente para las poblaciones asentadas junto al mar. Sin embargo, la forma más efectiva de obtener carne era criar animales. Los anglosajones prefirieron la carne de res, pero pastorearon más que solo ganado. También cuidaron ovejas, cabras y cerdos. Se criaban aves de corral, y la gente criaba bandadas de pollos, gansos, patos, garzas, chorlitos y urogallos. La mayoría de estos trabajos eran realizados por los hombres; sin embargo, hablaremos de las mujeres en las comunidades anglosajonas un poco más adelante.

La metalurgia ya era una práctica común en toda Europa, y los herreros anglosajones eran excepcionales. Los arqueólogos han encontrado una gran cantidad de diferentes armas y herramientas hechas de hierro en los numerosos montículos y tumbas. Estos incluyen espadas, dagas, escudos, cuchillos, hachas, picos, palas, martillos y otras herramientas. La carpintería también se generalizó cuando se descubrieron herramientas que la gente medieval usaba para modelar y cortar madera. También se encontraron muchas agujas y piezas de huso, por lo que podemos concluir con seguridad que las personas anglosajonas, en particular las mujeres, eran costureras hábiles.

Los alfareros también eran grandes artesanos, considerando la gran cantidad de ollas, cuencos, urnas y otros "platos" encontrados en las tumbas anglosajonas. Algunas de estas creaciones fueron muy elaboradas, lo que sugiere que fueron utilizadas por las familias reales. Y hablando de elaborados, se encontraron muchos broches, adornos y cuentas que fueron trabajados por expertos, lo que sugiere que los joyeros anglosajones habían perfeccionado el oficio bastante bien.

En términos de hacer comida y bebida, tanto hombres como mujeres hicieron su parte justa del trabajo. Las mujeres preparaban queso, alcohol preparado, pan horneado y ordeñaban las vacas, pero eran los hombres los que cocinaban. La evidencia lingüística sugiere que no existían cocineras en la Inglaterra anglosajona temprana, pero que podían hornear pan.

Pero hornear pan no era la única ocupación en la que tenían los hombres y mujeres anglosajones. "Partir el pan", es decir, asistir a fiestas, también incluía a ambos sexos. Por lo general, las mujeres servían a los hombres sus bebidas en las fiestas, y el rey mismo o incluso uno de los miembros de la comunidad local eran los encargados de organizarlas. De esa manera, cualquier mujer, desde reina hasta plebeya, tenía el deber de servir bebidas, aunque la tarea generalmente recaía en las mujeres de clase baja si asistían. Además, tanto hombres como mujeres podían actuar como actores itinerantes, músicos, cantantes y artistas. Los anglosajones llevaron una vida dura con mucha violencia, trabajo duro y amenazas constantes de muerte, pero también disfrutaban a lo grande.

Comida y bebida

Como ya se comentó, los anglosajones tenían varias formas diferentes de producir alimentos para su comunidad. En términos de carne, tenían caza y pastoreo, principalmente de ganado vacuno y ovino. Sin embargo, es interesante notar que solo los cerdos se criaban únicamente para ser comidos. Casi todos los demás animales tenían más de un propósito. Por ejemplo, un anglosajón se dedicaba a la cría de ovejas para la carne, pero también para la lana. El ganado producía leche si eran vacas o se usaban para arar la tierra si eran toros. Tanto las vacas como los toros proporcionarían pieles y carne cuando eran sacrificados, pero curiosamente, también usarían tejido vacuno para hacer pegamento primitivo. Esta no era realmente una práctica exclusivamente anglosajona, ya que incluso en el antiguo Egipto se solía hacer pegamento de diferentes animales. Los cuernos de vaca también se usaban para hacer vasos para beber. Los anglosajones también solían usar grasa para hacer aceites para lámparas de aceite. Lo mismo ocurría con las aves de corral. Huesos de pollo huecos se utilizaron, por ejemplo, para hacer pipas musicales. Por otra parte, los ciervos proporcionarían al cazador anglosajón cuernos y pieles, mientras que los colmillos de los jabalíes cazados presentaban algunos de los mejores trofeos de la época.

Los anglosajones eran grandes granjeros, y cultivaban una amplia gama de cultivos diferentes. Cultivaban desde centeno y trigo hasta cebada. Cada uno de estos se utilizó más tarde para hacer pan y / o cerveza. Pero los anglosajones también cultivaban verduras, como guisantes, zanahorias, coles, chirivías y apio, así como frutas como manzanas, endrinas y diferentes tipos de bayas.

Los productos lácteos también jugaron un papel importante en la vida anglosajona, por lo que la leche, la mantequilla y el queso eran comunes entre los primeros reinos, especialmente entre la gente común. Los nobles eran los únicos que podían permitirse comer carne con frecuencia, ya que era un lujo que los *churls* solo podían permitirse a veces. Las aves de corral también eran frecuentes en la época anglosajona, y aunque comían carne de pollo y pato, las clases bajas las criaban principalmente para sus huevos. Una comida típica de *churl* incluiría pan, queso y huevos, y estos huevos podrían provenir de aves domesticadas como pollos, patos y gansos, o de aves silvestres. En cuanto al pescado, los anglosajones preferían el sabor del arenque, la anguila, el salmón, la perca y el lucio. Se encontraron restos de peces en los estanques anglosajones, lo que sugiere que los comían con frecuencia. De hecho, un texto del siglo X llamado Coloquio de Ælfric contiene un pasaje interesante sobre cómo pescaban. De este texto, vemos que la gente medieval de Inglaterra disfrutaba de una amplia gama de peces de agua dulce y salada.

La fabricación de pan era tan importante como la pesca, si no más. Las mujeres horneaban pan en una plancha o en un horno de barro, mientras que la harina se molía en un recipiente separado, es decir, una piedra utilizada para moler varios materiales a mano. Algunas veces el panadero molía la harina en un molino de agua cercano. Las casas anglosajonas generalmente contenían un hogar central, y muchas veces, allí habría un caldero. Ahí es donde el cocinero preparaba las sopas o guisos que eran tan comunes como el pan entre las clases anglosajonas más bajas.

Había muchas otras fuentes de alimentos, como aves silvestres, liebres y bayas silvestres. Y, por supuesto, no se puede comer sin beber algo. Sorprendentemente, los anglosajones no bebían mucha agua, por varias razones. Por ejemplo, no había sistemas de captura de agua de lluvia que pudieran proveer a un asentamiento completo. Y la mayor parte del agua dulce estaba contaminada. Por último, el agua de mar, al menos para aquellos asentamientos que se encontraban en la costa, no era (y aún no es) buena para consumo humano. Como tal, los anglosajones usarían cebada para hacer cerveza muy ligera. No era rico en alcohol, pero podía calmar la sed de cualquiera, desde niños hasta adultos. También se hizo un alcohol más fuerte, pero la bebida que la mayoría de los anglosajones parecía preferir era el hidromiel. El hidromiel está hecho de miel fermentada. Como el azúcar no estaba disponible en ese momento, la mayoría de las personas comían miel si querían endulzar sus alimentos. De hecho, la mayoría de las casas tendrían una colmena o dos cercas. Beber hidromiel ya era una parte importante en la fiesta de los jefes locales, de ahí el término "sala de hidromiel" que conocemos de

Beowulf. *Ealdormen,* reyes y otros hombres ricos a veces podían disfrutar del vino. Sin embargo, muy pocas personas dentro de los reinos anglosajones producían vino, por lo que tuvieron que importarlo del Mediterráneo.

Ya mencionamos los cuernos de vaca que se usan como copas. Sin embargo, las familias ricas tenían copas de metal para sus bebidas durante las fiestas, e incluso sus cubiertos y utensilios para comer eran elaborados. Sin embargo, los *churls* comerían usando herramientas más modestas. Por ejemplo, como en aquel momento no había tenedores, todos usaban cuchillos y cucharas de madera. Los *churls* a menudo comían de un simple tazón de arcilla o madera. Hay algunos indicios en textos escritos sobre vasos de cuero para beber, pero los arqueólogos aún no han encontrado evidencia de esto.

Ropa

Los primeros anglosajones no usaban ropa para diferenciarse entre clases sociales, pero a medida que se desarrollaban los reinos y el clero, esta división de clases comenzaba a mostrarse incluso en lo que vestían. Por ejemplo, la seda era un material que usaban principalmente los ricos, específicamente reyes, reinas y miembros del clero. Cuando se trataba de la ropa de la gente común, en gran parte usaban lino y lana.

El promedio de los hombres del estado más bajo solo podían permitirse usar una túnica simple. Un miembro de un estatus más alto por lo general podía permitirse un par de pantalones e incluso un traje de abrigo. También llevaban gorras y zapatos de cuero. Las mujeres usaban batas y, según su rango social, tendrían una bata simple y estándar o una pieza elaborada con bata y bata exterior. Las capas también eran comunes en ambos sexos, aunque los hombres las usaban con más frecuencia, y las capas de los reyes tenían más elementos. Los reyes incluso tenían una túnica de cuero con anillos cosidos para distinguirlos de la gente común.

En términos de sacerdotes, tenían que usar ropa simple de colores neutros para evitar las distracciones. A medida que avanzaba el siglo XI, llevaban un conjunto elaborado de ropa como la dalmática (un tipo específico de túnica), la casulla (vestimenta de un sacerdote) y diferentes tipos de sombreros. Sin embargo, esta ropa elaborada estaba reservada para arzobispos y obispos. Los monjes regulares tenían ropa más áspera y simple.

Arquitectura anglosajona

Los edificios medievales no eran tan diversos como lo son hoy. Podemos clasificarlos en dos categorías distintas: edificios seculares y edificios eclesiásticos.

Comencemos con los edificios seculares. El término "secular" es un poco engañoso, ya que estamos hablando de casas cotidianas y grandes salones. Quizás el mejor término sería "estructuras vernáculas". De cualquier manera, importa más el propósito del edificio que su nombre. Los anglosajones vivían en casas muy primitivas. Estas casas eran en dos tipos. El primer tipo fue el llamado "edificio hundido" o SFB para abreviar (del inglés, *sunken-featured building*). Inicialmente, los arqueólogos simplemente los llamaron "casas de pozo" y, a primera vista, parecen pozos. Sin embargo, los SFB son un poco más elaborados. También sabemos que estas no eran casas romanas o celtas, ya que también hay evidencia de SFB en la Alemania moderna. Aquí, tienen el nombre común Grubenhäuser, que se traduce como "grubhouses, grubhuts" (casas de comida, sombreros de comida).

Un SFB típico tiene un techo de paja simple. También existen ejemplos de tejas de madera y techos de césped, pero no eran tan comunes en la época. Este techo simple tendría aguilones y un agujero para que saliera el humo. El cuerpo entero de la casa generalmente estaba hecho de madera con postes de soporte principales clavados profundamente en el suelo. Y luego está el pozo en sí. Por lo general, sería excavado en el suelo y posiblemente cubierto por un piso de madera. Algunos han especulado que este agujero se usaba para el almacenamiento, mientras que otros interpretan que todo el SFB no es una casa de un plebeyo, sino un cobertizo para tejer. Se encontraron restos de telares en algunos de estos SFB que parecen corroborar este hecho. La mayoría de los historiadores estarían de acuerdo en que edificios como este podrían servir para más de un propósito.

El interior de estas casas era simple. Solo había una habitación donde la familia hacía todo. Dormían, comían, recibían invitados y conversaban. Los *Churls* normalmente no tenían camas, por lo que simplemente dormían en el suelo. Incluso su ganado pasaría la noche dentro de la cabaña, lo que realmente ayudaba durante el invierno, ya que contribuía a mantener la temperatura alta. Las casas no tenían ventanas, mientras que los inodoros eran simplemente pozos en el suelo fuera de la casa rodeados de paredes de zarzo. Lo que hoy llamaríamos un asiento de inodoro no era más que una tabla ancha con un agujero en la época anglosajona.

En términos de materias primas, las casas sobre el suelo no eran mucho más resistentes. Por lo general, también estaban construidas de madera. La gran diferencia era el tamaño. Las casas sobre el suelo eran mucho más grandes, generalmente rectangulares o cuadradas. También tenían un techo de paja con un agujero, pero a diferencia de los SFB, estas casas tenían ventanas. Estas primeras ventanas eran simplemente agujeros en las paredes sin vidrios, y se llamaban "agujeros para los ojos".

Estas casas, con el paso del tiempo, se convertirán en salas. Durante la época anglosajona, una sala era un edificio importante, que albergaba al cacique local o al rey. Al igual que los SFB, las salas tenían una sola habitación grande con un hogar en el medio. Sin embargo, el gran tamaño de la sala permitía más usos. Por ejemplo, una pared entera podía dedicarse a mantener al ganado durante el invierno. Además, las paredes eran más grandes y altas para que los jefes anglosajones las decoraran con varios trofeos. Las astas de ciervo eran una opción popular, como vimos anteriormente en la sección de comida y bebida. Las salas también contarían con escudos y lanzas montadas sobre ellos.

Las salas tenían un gran significado para la población local. El rey convocaría a sus súbditos para fiestas y celebraciones después de una guerra o durante un festival. Las mujeres vertían hidromiel o cerveza fuerte mientras la presa se asaba a fuego abierto en el medio. Una vez terminada la comida, los juglares cantaban canciones de heroísmo, guerra, caza y vida cotidiana. Los salones también eran lugares donde los jefes planeaban batallas, resolvían disputas y generalmente realizaban sus deberes cívicos. Otras veces los usarían como cualquier otra casa.

Sin embargo, incluso las salas no eran perfectas. Sus pisos a menudo estaban sucios y desiguales, a pesar de que algunos de estos pasillos tenían pisos de madera. Debido a lo abiertos que eran estos pasillos, no eran inmunes al olor o al ruido del exterior. En otras palabras, a pesar de su alto estatus en la sociedad anglosajona temprana, la sala todavía no era el lugar más bonito para vivir y era poco más que una casa promedio.

Los arqueólogos todavía no saben mucho sobre las primeras viviendas anglosajonas. Sin embargo, hay lugares que proporcionan suficientes detalles para hacerse una idea básica. West Stow, por ejemplo, es un museo al aire libre donde tenemos restos arqueológicos de casas que datan de la era mesolítica. Una gran parte de este sitio está reservada para las primeras viviendas anglosajonas que han sido reconstruidas y se pueden visitar hoy. Se descubrieron siete salas, así como varios SFB, cobertizos de animales y otros edificios no identificados.

La mayoría de estas viviendas estaban hechas de madera, por lo que es difícil encontrar restos físicos reales de estas casas. Sin embargo, los primeros anglosajones sí usaron piedra para otros tipos de edificios, y la mayoría de las veces, eran iglesias.

Como ya mencionamos, la primera iglesia sobreviviente del período anglosajón es la Iglesia de San Martín en Canterbury. Antes de que Agustín la reconstruyera, era una capilla privada utilizada por la reina Bertha de Kent. Agustín hizo una reconstrucción importante en la iglesia, pero no viviría para verla terminada. Por supuesto, está lejos de ser la única iglesia de este período.

Al observar la Iglesia de San Martín y otros edificios contemporáneos, podemos detectar algunos elementos clave de cómo fueron construidos. Por ejemplo, los *quoins*, o piedras angulares, generalmente se disponían en un patrón largo y corto. Este patrón alternaba piedras horizontales y verticales. La Iglesia Minster de Santa María es el ejemplo perfecto de esta práctica. De hecho, estas piedras verticales delgadas se llaman "tiras de pilastra" y son una de las características más comunes de la arquitectura de la iglesia anglosajona.

La mayoría de estas iglesias tendrían ventanas triangulares dobles en las paredes occidentales de la nave, que es la parte central de la iglesia. Otras ventanas de la iglesia serían estrechas y tendrían arcos redondos, y la mayoría de las veces, cuando los albañiles construían estos arcos, simplemente reutilizaban las piedras romanas durante la construcción. Sus paredes estaban hechas con mampostería, y tenían un nártex o un porche oeste frente al altar principal. Debemos tener en cuenta que las iglesias de esta época rara vez tenían más de una de las características enumeradas aquí.

Las iglesias del norte tenían un estilo más celta, siendo muy estrechas, sin pasillos y con un presbiterio rectangular (una parte cerca del altar separada de la nave por una pantalla o escaleras). Por otro lado, las iglesias del sur, como las de Kent, eran pequeña y tenían un diseño simple basado en las basílicas romanas, es decir, tenían capillas redondeadas en el este del edificio y paredes de aspecto liso. Solo con la invasión normanda los gobernantes comenzarían a reconstruir las iglesias, haciéndolas más elaboradas y de mayor tamaño y escala.

Un detalle interesante sobre la arquitectura de la iglesia anglosajona del norte, en particular, eran las cruces de piedra. Muchas de estas cruces se encontrarían en las intersecciones de lugares como Dearham, Bakewell, Bewcastle, Gosforth, Ilkley e Irton. Al igual que las iglesias que perviven de ese período, estas grandes cruces de piedra tenían diseños celtas, lo que sugiere una influencia de los británicos locales en los asentamientos anglosajones. Las cruces no formaban parte de ningún edificio, sino que se construían junto a las intersecciones de carreteras públicas y otras áreas de tránsito. Si tenemos en cuenta que los primeros anglosajones y británicos eran paganos que adoraban a sus dioses venerando enormes pilares y árboles, esto podría explicar fácilmente por qué estas cruces terminaron allí en primer lugar. Incluso el papa Gregorio I instó a Agustín a simplemente "reutilizar" antiguos lugares religiosos para construir iglesias cristianas y lugares de oración. Los funcionarios de la iglesia podrían haber reemplazado fácilmente estos pilares con cruces de piedra, ya que el lugar en sí ya tenía un gran significado religioso para los paganos locales. A veces, incluso se construyeron iglesias enteras justo al lado o incluso alrededor de estas cruces.

Por supuesto, también hubo algunos "edificios seculares" de piedra que no eran iglesias. Por ejemplo, los anglosajones locales no querían vivir en antiguos asentamientos romanos, optando por construir sus propias casas más cerca de tierras de cultivo o ríos. Cuanto más crecían estos asentamientos, mayor era su necesidad de tener algún tipo de protección. Como tal, construirían fortificaciones de piedra para defenderse contra los vikingos invasores. Estas fortificaciones se denominaron *burhs* y, lamentablemente, ninguna permanece en pie a día de hoy. Sin embargo, algunos arqueólogos sugieren que la Torre de San Jorge en Oxford, del siglo XI, era en realidad parte de una estructura defensiva más grande que rodeaba el *burh* local en ese momento.

El muro del presbiterio con ladrillos romanos, la Iglesia de San Martín, Canterbury [6]

Viajar

Ya fuese por tierra o por mar, los anglosajones se desplazaban mucho. En cualquier caso, es difícil creer que atravesaran el canal de la Mancha a nado para invadir la Gran Bretaña romana. Claramente, las primeras tribus germánicas tenían algún tipo de barco capaz de atravesar el océano.

Una teoría popular es que los primeros barcos de anglos, sajones y jutos no tenían mástiles. Eran muy largos y, por supuesto, de madera. El hecho de que fueran largos es importante, ya que querían acomodar a la mayor cantidad posible de soldados en el barco. Podemos tener una idea de cómo eran estos barcos gracias a los barcos reconstruidos como el barco Nydam, el Gredstedbro (ambos hallados en Dinamarca) y el barco utilizado en el entierro principesco de Sutton Hoo. Los tres barcos tenían tablas de quilla en lugar de verdaderas quillas, tenían más de 20 metros o 65 pies de largo y no tenían bloques de mástil. Si asumiéramos que se utilizaron barcos similares para cruzar el Canal, podríamos determinar que los

---

[6] Imagen original subida por Oosoom el 3 de agosto de 2009. Recuperado de https://commons.wikimedia.org/ en marzo de 2019 con modificaciones menores bajo la siguiente licencia: Creative Commons Attribution-Share Alike 3.0 Unported. Esta licencia permite a otros remezclar, ajustar y desarrollar su trabajo incluso por razones comerciales, siempre y cuando lo acrediten y otorguen licencias de sus nuevas creaciones bajo los mismos términos.

anglosajones eran viajeros navales fuertes y experimentados, que atacaron Gran Bretaña con barcos sencillos, remos y fuerza bruta.

Además de los barcos, los anglosajones probablemente también tenían fragatas fluviales más pequeñas. La navegación fluvial local era común durante ese tiempo, especialmente con la aparición del comercio y la expansión de pueblos y ciudades.

Los medios de transporte por tierra eran un poco más variados. Naturalmente, los lugareños viajaban a pie o a caballo. Los caballos, en particular, eran muy importantes para los anglosajones de la época.

El ejemplo más obvio se puede observar en los nombres de los supuestos antepasados de Kent, Hengist y Horsa, pero otra evidencia también radica en nombres de lugares como Studham, Stadhampton y Stoodleigh, cada uno de los cuales contiene el término "semental" (*"stud"* en inglés). Desde el punto de vista religioso, los caballos aparecerían frecuentemente en los cuentos de los primeros cristianos anglosajones, como el caballo que ayudó a San Cuthbert cuando estaba a punto de morir de hambre o el caballo que se hundió en el suelo donde murió San Bonifacio y al sacarlo descubrieron una fuente de agua potable. Es difícil evaluar la importancia de los caballos para los antepasados de los británicos modernos. También tenían muchos usos prácticos: había caballos de carreta, caballos de carga, caballos de equitación, caballos de cría, caballos reales y aristocráticos, y caballos de guerra. Si bien es tentador pensar que también usaron caballos para arar, no hay ningún registro de esto, ni hay un término para "caballo de arar" en inglés antiguo.

A juzgar por las evidencias, podemos ver que los anglosajones solían usar caballos para transportar mercancías. Por ejemplo, un caballo puede arrastrar un carro de heno o verduras, o un propietario puede colocar una gran cantidad de equipaje en su espalda. En términos de equitación, los guerreros anglosajones eran famosos (o más bien infames) por estar entre las primeras personas en la isla en llevar a cabo sus ataques a caballo. Los caballos también cumplían otras funcionalidades poco ortodoxas... En tiempos de escasez de alimentos, como durante los duros inviernos, los caballos también servirían de alimento para los anglosajones. También se los comían cuando eran demasiado viejos para montar o tirar de carros. Durante los últimos períodos de los reinos anglosajones, se fundaron muchos establecimientos de cría de caballos. Los caballos eran, de hecho, tan valiosos que un hombre anglosajón podría usarlos como medio de intercambio en el comercio de tierras o regalarlo como una señal de respeto o incluso como dote. La realeza, en particular, tenía a estos animales en alta estima, y como vimos en los capítulos anteriores, se halló a un príncipe enterrado con su caballo.

Los medios de transporte están ahí: a caballo, a pie, en bote, en barco, pero todavía no sabemos por dónde viajaban los anglosajones. Para ser más precisos, ¿los anglosajones usaban carreteras? En la Italia moderna todavía se pueden encontrar caminos antiguos que construyeron los antiguos romanos. Sin embargo, en la Inglaterra pre-anglosajona, incluso los romanos usaban caminos construidos antes que ellos. Es decir, hay evidencias físicas de carreteras abandonadas que conectaban los primeros asentamientos de Kent en la Edad del Hierro miles de años antes de que los romanos incluso hubiesen puesto un pie en suelo británico. Naturalmente, una vez que Roma tomó el control, los nuevos señores se aseguraron de reutilizar y reconstruir estos caminos, junto con algunos nuevos. Pero los anglosajones no solo utilizaron los caminos construidos por sus antepasados. Las excavaciones realizadas en Pilgrim's Way, que se extiende desde Winchester hasta el santuario de St. Thomas Becket en Canterbury, descubrieron tres caminos separados. Las pruebas de carbono los dataron entre el siglo VII y X, lo que sugiere que fue la comunidad local anglosajona la que los construyó. Otra de las formas de rastrear estos caminos antiguos es a través de marcadores de camino, pero son pocos y distantes entre sí, como la Cruz Copplestone en Devon.

Los científicos han utilizado métodos tales como la detección remota de LiDAR (Detección de luz y rango) y el movimiento de objetos para determinar las posibles rutas antiguas que los anglosajones y los romanos usaban antes. Los hallazgos nos dan una red de carreteras bastante decente, algunas de las cuales se volvieron obsoletas cerca del final del siglo X. Sin embargo, es importante tener en cuenta que no todos los reinos anglosajones dejaron de usar las vías romanas al mismo tiempo. Fue un cambio más gradual. Mercia y Anglia Oriental fueron los reinos que usaron los caminos romanos durante más tiempo.

También encontramos evidencias de la existencia de diferentes caminos en los nombres de lugares y fuentes textuales. Por ejemplo, Sturton Grange, una parroquia en Leeds, deriva su nombre del término "calle" (*"street"*, en inglés). El nombre sugeriría que tal asentamiento estaba al lado de una carretera principal. En lo que se refiere a las fuentes escritas, podemos tomar como referencia las llamadas "cartas anglosajonas", que eran documentos en inglés antiguo que detallaban y enumeraban las concesiones de tierras y los privilegios de los señores feudales. A partir de estos documentos, podemos obtener descripciones de los puntos de referencia cercanos a los límites de terrenos privados y determinar si tienen alguna característica de las antiguas carreteras anglosajonas.

Por lo general, el viajero anglosajón caminaba, marchaba o montaba a caballo usando uno de estos muchos caminos. Sin embargo, desviarse del camino era peligroso. En esta época, las redadas y los robos en carretera eran comunes. Un hecho interesante a tener en cuenta es que los anglosajones hicieron uso de los ríos como vías fluviales con mucha más frecuencia que sus predecesores romanos. Incluso cuando caminaron, seguían el cauce de los ríos, ya que eran más seguros. Viajar en aquella época era realmente lento, por lo que muchas personas simplemente no salían de su ciudad con tanta frecuencia.

Guerras

Los anglosajones eran personas de guerra mucho antes de que habitaran Gran Bretaña. Estaban asaltando las costas de Gran Bretaña a finales del siglo IV junto con muchas otras tribus, y cuando llegó el siglo V, ya se estaban estableciendo en la isla. Sin embargo, una cultura guerrera como la de las tribus germánicas no se vuelve puramente agrícola de la noche a la mañana. Durante sus primeros años, los anglosajones libraron bastantes guerras contra las amenazas extranjeras y domésticas.

Los primeros enemigos de los anglosajones fueron los británicos locales y sus gobernantes romanos. Con los romanos todavía en el poder nominal, trataron a los anglosajones recién establecidos como tratarían a cualquier otra tribu: impusieron impuestos y los consideraron bárbaros. Las nuevas tribus pronto comenzaron a rebelarse de forma sistemática. El primer territorio en caer bajo el control anglosajón, o más bien de los jutos, fue Kent. Pero los británicos no se rindieron, aunque estuvieran perdiendo terreno rápidamente. Aquí es donde la figura posiblemente mítica del Rey Arturo entra en la historia. Arturo, como dicen las leyendas y unos pocos registros escritos escasos, venció a los sajones en la batalla de Badon, que, de ser cierto, ocurrió alrededor del año 500 EC. Los científicos e historiadores están realmente divididos sobre la historicidad de este rey y esta batalla. Un detalle que hace que la batalla de Badon sea más ficticia que real es que Arturo supuestamente mató a 960 soldados sajones él mismo. Esto es, por supuesto, una exageración, posiblemente con fines poéticos, porque incluso con armas modernas, una sola persona no puede matar a 960 personas y vivir para contarlo. Sin embargo, una cosa es segura: incluso si la batalla de Badon no sucediera y el Rey Arturo no existiera, los británicos alejaron con éxito a los sajones. Sin embargo, a medida que pasaron los siglos, fueron perdiendo más y más territorio. A finales del siglo VII, los británicos fueron relegados a la zona que hoy en día conforma Gales. Durante ese tiempo, los reinos anglosajones florecieron lentamente y llegaron al poder, desterrando a la Gran Bretaña de celtas o romanos.

Sin embargo, los celtas de Gales no estaban dispuestos a rendirse. Después del 500 d. C. se formaron diferentes reinos independientes en el área, algunos de los cuales incluyen Powys, Gwynedd, Morgannwg y Gwent. Estos reinos, especialmente Powys y Gwynedd, evitarían con éxito los avances del reino anglosajón de Mercia, que se estaba expandiendo rápidamente. Después de una serie de batallas, los reyes de Mercia comenzaron a construir diques, y se establecieron fronteras más estrictas entre los anglosajones y los británicos sobrevivientes. Poco después, a mediados del siglo IX, los vikingos invadieron la isla, y algunos reyes galeses, especialmente el rey de Gwynned llamado Anarawd ap Rhodri, se aliaron con los nórdicos, en un principio para recuperar algunas tierras. Poco después, estas alianzas se rompieron, y los galeses unieron fuerzas con el rey Alfredo de Wessex, más tarde conocido como Alfredo el Grande, contra los invasores.

Naturalmente, los vikingos eran una amenaza mucho antes de que los galeses se aliaran con ellos. Comenzaron sus incursiones en la isla en las últimas décadas del siglo VIII. Primero comenzaron a asaltar monasterios e iglesias, ya que eran, con mucho, los establecimientos más ricos de cualquier reino, costero o sin litoral. Pero los vikingos no solo asaltaban. Para el siglo noveno, ya se estaban estableciendo en la isla mientras continuaban atacando los territorios locales. Incluso tenían un gran ejército permanente, que conquistaría York en 866. Sería Alfredo el Grande quien derrotaría a los vikingos en 878 en la batalla de Edington. La mayoría de los vikingos se trasladaron a la parte noreste de la isla, ya que los restantes territorios estaban bajo el control anglosajón.

Los vikingos que atacaron y lucharon contra los anglosajones eran daneses, y su derrota en Edington no les impidió continuar atacando a los lugareños. En 1013, los daneses conquistaron y gobernaron la isla bajo el liderazgo de Sweyn Forkbeard hasta su muerte un año después. Los daneses regresaron en 1016 y reconquistaron la tierra, y su gobernante, Cnut the Great, el hijo de Forkbeard, fue coronado rey de Inglaterra un año después. Él gobernó como rey de una Noruega, Dinamarca e Inglaterra unidas desde 1028 hasta 1035, cuando murió. Fue sucedido por sus dos hijos, Harold Harefoot y Harthacnut, quienes gobernaron durante un corto período de tiempo (1035-1040 y 1040-1042, respectivamente). Después de su muerte, un rey anglosajón, Eduardo el Confesor, tomó el trono y gobernó hasta 1066.

Obviamente, el año 1066 fue extremadamente importante para la historia de Inglaterra. No solo fue el año en que murió Eduardo el Confesor, sino que también fue el año en que su sucesor, Harold Godwinson, tomó el trono. Lamentablemente, solo mantendría esta posición durante nueve meses. Durante 1066, Guillermo el Bastardo de Normandía y sus tropas comenzaron su conquista de Inglaterra. En octubre de ese mismo año, en la batalla de Hastings, Harold moriría, dejando el trono abierto para su sucesor, Edgar Ætheling. Edgar incluso fue elegido para ser el heredero apropiado por el witena gemōt, pero nunca tomó el trono por culpa de Guillermo. Sin embargo, mientras que la historia de Edgar no terminó en ese momento, fue cuando comenzó la historia de la Gran Bretaña normanda y cuando los anglosajones perdieron oficialmente el control de Gran Bretaña.

Naturalmente, los anglosajones siguieron siendo la mayoría incluso después de la conquista de Guillermo, aunque los múltiples grupos de personas comenzaron a asimilarse cada vez más en los años posteriores. También es acertado decir que las guerras e invasiones no terminaron con Guillermo. Muchos otros grupos de personas atacarían la isla, pero en términos de reinos anglosajones y sus guerras, éstas terminaron en 1066.

Por supuesto, cuando decimos que las guerras terminaron en 1066 solo nos referimos a las guerras contra las fuerzas externas. Hubo muchas batallas y escaramuzas entre los propios reinos anglosajones, un tema que se abordará en el siguiente capítulo. Ahora, sin embargo, es un buen momento para echar un vistazo a cómo los anglosajones condujeron la guerra.

La guerra anglosajona cambió a medida que pasaron los siglos. Al principio, sus ejércitos consistían en pequeños grupos tribales de guerreros. A medida que avanzaba el siglo XI, ya tenían una isla unificada y sus ejércitos eran más organizados y uniformes. En términos de armas, usaban espadas, jabalinas, lanzas y hondas para lanzar misiles. Cabe señalar que un "misil" aquí se refiere a cualquier cosa que se pueda lanzar, como un hacha o una flecha, pero cuando se menciona en el contexto de las hondas, generalmente se trata de una piedra redonda y pesada. Hay indicios de soldados anglosajones que usan arqueros en las batallas, pero no hay pruebas concluyentes.

Cuando se trataba de batallas grupales, los soldados formaban muros de defensa. Como su nombre indica, estos eran muros humanos de escudos. El historiador anglosajón Stephen Pollington ha sugerido una posible secuencia de eventos durante una pelea. Primero, el rey o el comandante alinearían a las tropas y darían un discurso inspirador. A continuación, habría un grito de batalla, y uno o ambos bandos avanzarían con los muros de defensa. Luego, a medida que cargaban, lanzarían misiles en el lado opuesto, y una vez que estuvieran dentro del alcance, las dos paredes de las avanzadillas chocarían. Un lado avanzaría con armas, mientras que el otro trataría de mantener la línea. Si ningún lado se movía, se retirarían para descansar y, mientras tanto, se lanzarían unos cuantos misiles más. Estos pasos se repetirían hasta que un lado se rompiera y el otro avanzara.

Durante estas batallas, ciertos individuos se separarían y se adelantarían al grupo para lanzar sus jabalinas. Esto los dejaba expuestos a las jabalinas del otro lado, y si se mataba a un lanzador, un soldado podía cruzar la tierra entre los ejércitos y reclamar su armadura y armas. Estas acciones se consideraban actos de valentía, y la persona que se exponía así obtendría premios materiales y reconocimiento si sobrevivía a la batalla.

Existen algunos casos en los que los caballos estuvieron presentes en la batalla, pero no lo suficiente como para tener una imagen definitiva de la guerra a caballo en los reinos anglosajones. Tampoco hay mucha evidencia de entrenamiento o suministros del ejército, pero es seguro asumir que los soldados practicaban lucha libre, saltos, carreras y lanzas. Esto los ayudaría a prepararse para la batalla y mantenerse en forma.

Espada Abingdon, c. Siglo IX, encontrada en Abingdon, Oxfordshire [7]

---

[7] Imagen original subida por geni el 23 de mayo de 2014. Recuperado de https://commons.wikimedia.org/ en marzo de 2019 con modificaciones menores bajo la siguiente licencia: Creative Commons Attribution-Share Alike 4.0 International. Esta licencia permite a otros utilizar tu trabajo incluso para razones comerciales, siempre que lo acrediten y otorguen licencias de sus nuevas creaciones bajo los mismos términos.

Normas de género y edad

Las sociedades medievales como los reinos anglosajones eran de naturaleza patriarcal. Eso significa que los hombres tendrían poder político y serían jefes de instituciones religiosas. También serían la mayoría de los terratenientes e irían a la guerra. Las teorías modernas de género generalmente rechazan a las sociedades medievales por ser regresivas en términos de tratamiento de las mujeres, pero en realidad, la sociedad anglosajona era un poco más compleja que eso. En otras palabras, la situación de las mujeres en la temprana Gran Bretaña tenía aspectos positivos y negativos en su justa medida.

Cuando se trataba de la Iglesia, las mujeres obtuvieron nuevas oportunidades con la introducción del cristianismo. Inglaterra fue uno de los primeros países en comenzar a venerar a las mujeres como santas después de su fallecimiento, por ejemplo. Sin mencionar que había monasterios separados para hombres y mujeres en aquel entonces, lo que permitía a las mujeres convertirse en abadesas. Con esta posición, podían manejar las finanzas de las comunidades locales, así como los bienes de la iglesia. Por lo general, serían mujeres de noble cuna las que tomarían votos monásticos y se convertirían en abadesas, convirtiéndose en cabezas de diferentes iglesias. Teniendo en cuenta lo importante que era la Iglesia como institución en ese entonces, este fue un cambio importante en la forma en que las mujeres se comportaban normalmente o eran tratadas en las comunidades anglosajonas. Por supuesto, aún serían designadas para estos puestos por hombres, y los propios arzobispos aún eran hombres.

Las mujeres que eran monjas y abadesas eran muy respetadas y admiradas por las comunidades locales. Eran vistas como modelos de virtud y castidad, habiendo renunciado a sus deseos corporales y uniéndose al clero. Esto las hizo no menos respetadas que los hombres en esas mismas posiciones, ya que unirse a la iglesia generalmente se consideraba un acto noble y puro.

En términos de reinas y mujeres nobles, sabemos por fuentes escritas e incluso algunas obras literarias, como Beowulf, que tenían la tarea de servir bebidas durante las fiestas en los grandes salones. Por supuesto, una reina no tenía que servir bebidas si había mujeres de baja estatus presentes. Las mujeres tampoco participarían en la batalla, y los registros escritos de alguna mujer que tomase las armas son escasos. Tampoco harían ningún trabajo físico duro, como cazar, cultivar, cortar madera, herrería, curtido o construcción. Curiosamente, ni siquiera cocinaban. Sin embargo, cosían, tejían, horneaban pan, ordeñaban vacas, hacían queso y mantequilla, y elaboraban cerveza e hidromiel. Como estos trabajos eran más fáciles, también los realizaban los niños. De hecho, los niños eran considerados adultos cuando cumplían diez años, después de lo cual comenzaban a hacer su parte justa de trabajo con los adultos.

Esta división del trabajo surgió de cómo los anglosajones veían a hombres y mujeres. El deber de una mujer era ayudar a los hombres después de la batalla y mantenerlos bien alimentados y vestidos. Por otro lado, el deber de los hombres era proteger a las mujeres y a su familia en general.

En términos de matrimonio, las mujeres podían abandonarlo cuando ellas quisieran; sin embargo, los únicos casos registrados de anulaciones de matrimonio fueron a consecuencia de un adulterio. Los hombres tomarían el control de la propiedad de una mujer, pero también estaban obligados a darles el llamado "regalo de la mañana", que generalmente era tierra y bienes materiales. Estos le pertenecerían a ella sola, y podían hacer lo que quisiesen con ello. En caso de divorcio, una mujer podía dejar a un hombre, y generalmente obtendría la mitad de la propiedad. Una viuda no podía casarse hasta que hubiera pasado un año completo desde la muerte de su esposo. Esto puede sonar cruel, pero también puede verse como una forma de dejar que la viuda hiciese frente al duelo y, lo que es más importante, tomase una decisión de matrimonio posterior con más reflexión. Una vez transcurridos los doce meses, podía elegir casarse (o no casarse) con quien quisiera.

El trabajo sexual también existió durante la Inglaterra anglosajona, y los precios de los servicios sexuales variaban en función de quién era el cliente (los *churls* generalmente pagaban menos que los nobles). Cuando se trataba de violación, las mujeres de todos los estados estaban legalmente protegidas, y se castigaban severamente a los violadores. Sin embargo, hay registros escritos de hombres que abogan por golpear a las mujeres, lo que sugiere que existían costumbres que dañaban a las mujeres. El cristianismo primitivo se opuso fuertemente a las palizas en general, por lo que condenaron estas prácticas.

En materia legal, las mujeres tenían derechos de propiedad y podían ser testigos en juicios. También eran responsables de sus propias acciones, y si la ley cometía un error, eran compensadas a título personal. La mayoría de las mujeres terratenientes provenían de las clases altas, pero incluso las mujeres más comunes podían heredar tierras, ya que la evidencia escrita en las cartas no muestra que los propietarios anteriores prefirieran un género sobre el otro. Cuando una mujer heredaba la tierra, obtendría diferentes artículos como ganado, esclavos, ropa, joyas, muebles y libros. Incluso podían guardar manteles, tapices y sábanas.

Las mujeres a menudo serían instrumentales en ciertos eventos políticos en la Inglaterra anglosajona. Fue Bertha, la esposa del rey Æthelberht, la responsable de que el rey se convirtiera al cristianismo y la que lo introduciría en Inglaterra en primer lugar. Era una princesa merovingia, una hija de Charibert I y una cristiana devota. Gracias a ella, una antigua iglesia romana a las afueras de Canterbury fue restaurada y se convirtió en su capilla privada que dedicó a San Martín de Tours. Esta iglesia se convertiría más tarde en la Iglesia de San Martín, una de las iglesias anglosajonas más antiguas de Canterbury e Inglaterra en su conjunto. Bertha fue venerada después de su muerte, que sucedió en algún momento durante la primera década del siglo VII. Esto la convirtió en una de las primeras mujeres canonizadas como santas en Gran Bretaña.

Arte anglosajón

La gente a menudo tiene la impresión de que los anglosajones eran brutos, que disfrutaban de la guerra, los asesinatos, las fiestas, las celebraciones ruidosas y la violencia doméstica ocasional. Sin embargo, la evidencia arqueológica nos proporciona un aspecto más importante de la vida anglosajona. También eran artistas muy hábiles, con destrezas que variaban desde la metalurgia hasta el embellecimiento de manuscritos, desde la fabricación de joyas hasta el tallado de marfil, y desde la fabricación de complejos tapices hasta la elaboración de esculturas y enormes monumentos dedicados a su cultura. El arte de una cultura puede darnos una gran comprensión de lo que valoraban, qué tan hábiles eran en un oficio en particular, qué materiales y herramientas usaron y cómo su cultura cambió a través de los siglos.

La mayoría de los artefactos encontrados entre la Gran Bretaña sub-romana y la Gran Bretaña normanda muestran una afinidad hacia Cristo y el cristianismo, lo cual no es tan extraño teniendo en cuenta que ahora sabemos cómo se desarrolló a lo largo de los siglos. Los manuscritos embellecidos son un ejemplo perfecto de esto. Para el lector no iniciado, un manuscrito embellecido es un documento religioso donde el texto tiene muchas ornamentaciones elaboradas, como iniciales decoradas, bordes de página e incluso ilustraciones en miniatura. Los materiales utilizados en tal práctica eran usualmente plata u oro; sin embargo, eso es en gran medida cierto para la tradición cristiana occidental de iluminación o embellecimiento.

Los manuscritos embellecidos iniciales combinan una gran cantidad de diferentes estilos de este arte, como los germánicos, celta, y la iluminación italiana. El Codex Aureus de Estocolmo es un ejemplo perfecto de estas mezclas de estilos, ya que su retrato es en gran parte italiano (o más bien trata de imitar el estilo italiano) mientras que las letras son de naturaleza insular. Cabe señalar que el arte insular es un estilo de arte que se desarrolló en Gran Bretaña e Irlanda, que es distinto de todos los demás estilos en Europa continental. Se llama insular porque el término ínsula significa "isla".

No hay muchos manuscritos con elementos de arte insular en la Gran Bretaña del siglo IX, pero sus elementos se pueden ver en manuscritos de Europa continental donde sea que los misioneros anglosajones hicieron su trabajo. Por ejemplo, la Abadía de Echternach en Luxemburgo alberga los famosos Evangelios de Echternach, que probablemente fueron iluminados o embellecidos en Northumbria. A finales del siglo IX, sin embargo, el llamado estilo de iluminación Winchester fue creado y muy utilizado. Algunas distinciones de este estilo incluyen cortinas agitadas o arrugadas, bordes de acanto e iniciales históricas. El mejor ejemplo de la iluminación de estilo tardío de Winchester es la Bendición de San Ethelwold, que en realidad se basó en algunos otros estilos, como la iluminación bizantina y carolingia. Producir bienes a partir de metales preciosos como el oro y la plata, o incluso metales básicos y aleaciones, era una práctica que los anglosajones realmente practicaban antes del cristianismo. Los ejemplos más frecuentes de esta práctica se encuentran antes del siglo VII, generalmente como broches redondos elaborados con quoit. Gracias al descubrimiento del entierro del barco en Sutton Hoo, sabemos que estos broches, y de hecho otros trabajos en metal, estaban altamente desarrollados en este momento. Los broches estaban lejos de ser los únicos artículos encontrados y desenterrados del período anglosajón. Los arqueólogos también encontraron anillos, monedas, hebillas de cinturón, accesorios militares y varios otros artículos. De los registros escritos, también sabemos que los trabajadores metalúrgicos hicieron estatuas, puertas, santuarios y otras piezas de metal a gran escala, pero casi ninguno de ellos sobrevivió hasta nuestros días. La razón más probable de su desaparición son las constantes incursiones vikingas seguidas de la posterior invasión normanda y otros eventos. Desafortunadamente, el saqueo era frecuente, y los monasterios e iglesias, así como los lugares mejor equipados en Inglaterra, tenían estos artículos en abundancia.

En cuanto a los maestros de la metalistería, tenemos algunos de los nombres de los artistas disponibles en cuentas escritas. Uno de esos artistas fue Spearhafoc, quien más tarde se convertiría en monje benedictino, abad y obispo electo de Londres. Fue prominente a mediados del siglo XI y fue reconocido por sus habilidades en orfebrería, grabado en oro y pintura. Probablemente sean estas habilidades las que lo promovieron tan rápidamente a una posición alta en la iglesia. Otro artista de un estado similar fue Mannig de Evesham. Ambos artistas tienen sus vidas documentadas en sus respectivas abadías. También se mencionan otros artistas, pero de pasada.

Muchos de estos trabajos en metal incluían escenas de animales en juncos o arbustos tallados en la superficie. Pero los anglosajones no solo usaron metales para tallar las escenas que querían. La mayoría de las veces, usarían marfil y otros tipos de hueso para esfuerzos igualmente elaborados. Por ejemplo, un ataúd entero, probablemente tallado en Northumbria en el siglo VIII, estaba hecho de ballenas e incluso tiene un acertijo que lo insinúa. Los artistas importaron muchos de estos huesos, especialmente los huesos de morsa, del norte. Otros ejemplos de tallas de marfil incluyen varias escenas que representan a Cristo, ya sea en su nacimiento, crucifixión y en otras escenas.

Pero no solo se trabajaría el metal y el marfil. Los escultores anglosajones incluso tallaron y formaron rocas, principalmente para obtener cruces masivas al aire libre, pero a veces para crear un relieve elaborado. Estas cruces a menudo combinarían elementos tanto paganos como cristianos, que es una de las razones por las que con frecuencia serían destruidas o desfiguradas durante la Reforma. Muchas de estas cruces sobrevivieron en Irlanda y se pueden ver hoy.

Una cruz normalmente sería muy alta y delgada, con algunas excepciones a esta regla que se han encontrado en Mercia.

Contendrían elementos del paganismo celta, como enredaderas y hojas. Además, puede haber algunos indicios de que estas cruces fueron pintadas originalmente, algo así como las estatuas griegas y romanas. Las cruces eran muy populares en ese momento. Cuando los vikingos daneses comenzaron a invadir y cuando finalmente tomaron el control a fines del siglo X y principios del XI comenzaron a producir cruces de piedra similares en masa, pero no tenían la misma calidad artística de sus predecesores anglosajones.

Los tejidos eran "lienzos" igualmente populares para los artistas anglosajones contemporáneos. Se centraron en los bordados y los tapices, y muchas de esas obras se realizaron a principios de la Inglaterra medieval. Lamentablemente, pocos sobrevivieron, principalmente porque el material del que estaban hechos se reutilizó en otras obras de arte. Posiblemente el ejemplo más famoso de tapices anglosajones es el elaborado Tapiz de Bayeux que representa la batalla de Hastings. Por supuesto, el tapiz en sí se hizo en los veinte años posteriores a la batalla, pero se hace al estilo y la manera de los viejos tejedores anglosajones. Como hemos establecido anteriormente, los bordados y otras labores de bordado se realizaban principalmente por mujeres. Por lo tanto, podemos asumir con seguridad que monjas y sacerdotisas hicieron el Tapiz de Bayeux. Curiosamente, algunos historiadores afirman que esta obra de arte es la primera versión europea de un cómic, debido a su naturaleza narrativa secuencial.

Las obras textiles más finas incorporaron hilos de seda y metales preciosos, a saber, oro y plata, así como muchas gemas preciosas, cuentas de vidrio y perlas. La mayoría de las veces, estos elaborados tapices eran propiedad de sacerdotes o familias reales, y generalmente se usaban en ceremonias religiosas.

Los anglosajones también probaron con otros materiales. Por ejemplo, el vidrio era muy popular cuando se trataba de hacer vasos de lujo (como los vasos de garras de los siglos VI y VII), cuentas de vidrio y ventanas de iglesias. A veces importaban trabajadores de vidrio de Francia, pero a menudo simplemente rehacían viejos artículos de vidrio romanos. A menudo se utilizaba esmalte en lugar de vidrio.

Luego está el cuero. Los libros anglosajones estarían encuadernados en diferentes tipos de portadas. Como vimos anteriormente, incluso podrían estar adornados en marfil. El cuero fue uno de esos materiales, y tenemos un famoso ejemplo de finales del siglo VII que nos muestra cuán hábiles eran los artesanos en la encuadernación de cuero. El impresionante Evangelio de San Cuthbert es el libro más antiguo de Occidente que no ha sido modificado hasta el día de hoy. Tiene líneas incisas, elaborada decoración en relieve e incluso algo de color. Naturalmente, los anglosajones no solo usaban cuero para atar libros. Sus obras de arte de cuero probablemente también cubrieron cinturones, carteras y carteras, aunque lamentablemente no tenemos mucha evidencia física de esto, y los textos contemporáneos que hablan sobre encuadernación de cuero no mencionan los usos más seculares para la ornamentación de cuero.

Podemos ver que los artistas anglosajones tenían una amplia gama de habilidades y materiales. Por supuesto, sus misiones al continente también trajeron su conocimiento de manuscritos embellecidos, figuras talladas, piedras y telas. Teniendo esto en cuenta, podemos decir que el arte insular de Gran Bretaña influyó en muchos de los primeros estilos del arte cristiano europeo. Incluso ciertos motivos se volvieron comunes después de que los misioneros anglosajones comenzaran a viajar por Europa. Los elementos de las piernas y los pies de Cristo, la boca del infierno, San Juan Evangelista escribiendo al pie de una cruz, Moisés con cuernos, la representación del Juicio Final y María Magdalena al pie de la cruz...todos se originaron en la Gran Bretaña anglosajona, y se utilizarían ampliamente en el arte europeo durante los siguientes siglos.

Retrato evangelista estilo Winchester, Grimbald Gospels, principios del siglo XI [8]

Obras escritas del período anglosajón

Que sepamos, los anglosajones paganos no tenían un alfabeto propio. Eran una sociedad pre alfabetizada, lo que significa que transmitían sus conocimientos a sus descendientes por medio de la tradición oral. Cuando llegó el cristianismo, la alfabetización comenzó a extenderse, pero estaba en gran medida reservada para las clases más altas. Aunque no era imposible que un *churl* o un granjero supieran leer, era casi exclusivamente la familia real y los sacerdotes los que podían permitirse aprender a leer y escribir. Las iglesias eran centros de la palabra escrita, aunque ciertos reyes podrían incluso

---

[8] Imagen original subida por The Yorck Project, el 20 de mayo de 2005. Recuperado de https://commons.wikimedia.org en marzo de 2019 bajo la siguiente licencia: Public Domain. Este artículo está en el dominio público y se puede usar, copiar y modificar sin restricciones.

haber contratado tutores privados para sus hijos que también provenían del clero.

Hay un problema importante cuando se trata del cristianismo y la alfabetización en la Inglaterra medieval temprana. A saber, los sacerdotes que preservarían las antiguas leyendas y mitos anglosajones a menudo los vestían con matices cristianos. De esa manera, podrían ocultar los elementos paganos y mantener una narrativa cristiana. Obras famosas como *Beowulf* son un buen ejemplo de esto.

Los anglosajones disfrutaban tanto de la poesía como de la prosa. En términos de poesía, hubo poemas y epopeyas heroicas, elegías, adaptaciones de poemas latinos clásicos y acertijos. Los acertijos, en particular, fueron excepcionalmente populares durante este tiempo, con 94 de ellos registrados en el Libro Exeter, un extenso compendio de poesía anglosajona. Los poemas cristianos se hicieron cada vez más populares entre los reinos que abandonaron lentamente el paganismo, por lo que aparecieron paráfrasis bíblicas, vidas de santos e incluso poemas originales, siendo el ejemplo más famoso *El Sueño de Rood*.

En términos de poesía épica, la literatura anglosajona no puede comprenderse sin mencionar a *Beowulf*. Esta epopeya, que contiene las hazañas del héroe que le da título, fue escrita por un autor anónimo en algún momento del siglo X, aunque probablemente fue compuesta mucho antes. Los elementos sobrenaturales de *Beowulf* se explicaron agregando paralelismos cristianos, posiblemente por el mismo autor que lo escribió, ya que generalmente eran sacerdotes quienes se encargaban de la preservación de la poesía y la prosa. Numerosos autores trabajaron en traducirlo, incluido el famoso autor de fantasía J. R. R. Tolkien, quien lo consideró un clásico de la literatura inglesa.

La mayoría de los poemas fueron escritos de forma anónima. Sin embargo, sí conocemos los nombres de algunos poetas como Cynewulf, Aldhelm y Cædmon, siendo este último conocido como el primer poeta inglés.

La prosa fue tan importante como la poesía durante el desarrollo de los reinos anglosajones. Tanto la prosa cristiana como la prosa secular fueron prominentes, y las traducciones de obras latinas fueron una práctica notable en ese momento. Los sacerdotes y los monjes a menudo escribían polémicas, sermones, hagiografías y otras obras que tenían poderosos temas cristianos, aunque a menudo se escribían en latín en lugar de en inglés antiguo, al menos en los primeros días del cristianismo inglés. Dos de los escritores en prosa más famosos del período anglosajón en Gran Bretaña fueron Gildas y el Venerable Bede. La polémica de Gildas conocida como *De Excidio et Conquestu Britanniae* u *On the Ruin y Conquest of Britain* es la fuente más antigua que tenemos que nos permite vislumbrar históricamente las sociedades anglosajonas de la época. Sin embargo, el propio Gildas a menudo proporcionaba información contradictoria o totalmente incorrecta, ya que su enfoque no era la historicidad de los eventos, sino más bien la condena de los británicos en términos de comportamiento cristiano. Bede, por otro lado, escribió su *Historia eclesiástica del pueblo inglés* con algo más de precisión histórica. Nacido en Northumbria, por supuesto, tendría un sesgo hacia esa región. Sin embargo, los eventos que describe, que se centran en gran medida en la historia de las iglesias cristianas en Inglaterra, pero que también contienen mucha información histórica sobre los primeros reinos y sus situaciones políticas, se pueden rastrear con una gran cantidad de precisión. Se le considera el primer historiador inglés a pesar de que su trabajo no tenía esa intención originalmente.

Por supuesto, hay obras que abordan la historia de una manera más secular, como la famosa *Crónica anglosajona*. Compilado por un autor desconocido, contiene información de unos 300 años de historia en inglés. Si bien esta es una hazaña impresionante, la Crónica sufre los mismos problemas que otras obras históricas seculares en ese momento. Es decir, la mayoría de sus fuentes son dudosas o incluso extraídas de la tradición oral, y algunos errores son evidentes en términos de fechas y eventos. Algunos eventos se mencionan simplemente sin ningún resultado o con una lista de las personas involucradas. Se describirían las batallas, pero no se dan nombres de lugares, ni se enumeran reyes ni se anuncian vencedores y perdedores. A pesar de todo esto, la *Crónica anglosajona* sigue siendo una parte importante de la historia literaria anglosajona.

Las obras escritas seculares de los anglosajones también se ocuparon de las matemáticas, la medicina, la geografía, el lenguaje y la ley. Los textos legales, en particular, estarían vinculados en volúmenes individuales, detallando los códigos legales de diferentes reyes y casos específicos de disputas legales en varias ciudades y pueblos. En general, la prosa inglesa, al igual que la poesía, floreció durante este tiempo, a pesar de que se limitaba a las clases altas.

Folio 3v de San Petersburgo Bede [9]

---

[9] Imagen original subida por GDK, el 22 de agosto de 2005. Recuperado de https://commons.wikimedia.org en marzo de 2019 bajo la siguiente licencia: Public Domain. Este artículo está en el dominio público y se puede usar, copiar y modificar sin restricciones.

Capítulo 5 - Reinos anglosajones

Antes de los Reyes

Los anglos, los sajones y los jutos eran todas culturas tribales. Su jerarquía social consistía en un gobernante, un consejo tribal, sacerdotes, trabajadores y esclavos, con algunos títulos más que vendrían más tarde. Una vez que comenzaron a establecerse en suelo británico, se enfrentaron a dos obstáculos. El primero fueron los romanos locales, mientras que el segundo fue el pueblo celta local, los británicos. Pero incluso entre ellos, estas tribus realmente no trabajaban de manera común. De hecho, Bede, al abordar relatos anteriores de estos pueblos por Gildas, declara abiertamente que los tres grupos son "razas separadas". Los jutos habitarían Kent y la Isla de Wight. Las personas que vinieron de Sajonia serían los antepasados de los sajones orientales, sajones del sur y sajones occidentales. Y finalmente, los anglos que se mudaron a la isla serían los antepasados de los anglos del este y meridionales, los norumbrianos y los mercianos.

Naturalmente, hubo otras tribus germánicas que asaltaron la isla y se mudaron con las tres mencionadas anteriormente, pero también es importante tener en cuenta que las tribus y los reinos celtas también tenían algo de control sobre los gobiernos locales, aunque en menor medida. El norte de Gran Bretaña, aproximadamente el área de la actual Escocia permaneció más o menos aislado de cualquier influencia anglosajona. Además, a medida que las tribus celtas menores fueron subyugadas por los anglosajones, algunos reinos se mantuvieron firmes y se trasladaron al oeste, estableciendo finalmente el territorio de la Gales moderna. En términos de grupos de personas, la Gran Bretaña medieval temprana fue muy diversa.

El Tribal Hidage

Como comentamos en capítulos anteriores, un *hide* era un área de tierra cultivable suficiente para mantener un hogar. En algún momento a principios del siglo VII, se elaboró un documento que enumeraba ciertos territorios y cuántas *hides* comprendían. El documento no tiene un título contemporáneo, pero debido a su contenido, los historiadores modernos se refieren a él como el *Tribal Hidage*. Como su nombre indica, el *Tribal Hidage* enumera más de treinta tribus y cuántas *hides* posee cada una. Leer el documento nos da una buena idea de la composición étnica y racial de Gran Bretaña en ese momento.

Cabe señalar, sin embargo, que los primeros ejemplos del *Tribal Hidage* que tenemos son del siglo XI, al menos cuatro siglos después del original. Esto es importante porque significa que no podemos estar seguros de cuán preciso es. Cuanto más tiempo haya entre el original y la copia, que fue hecha a mano y ciertamente escrita por sacerdotes, mayores serán las posibilidades de que enumere datos incorrectos o incompletos, incluso sesgados.

Cada tribu incluida en el *Tribal Hidage* tiene un número correspondiente de *hides*, que no reproduciremos aquí. Sin embargo, veremos los nombres tribales e intentaremos descifrar quién era quién en la Gran Bretaña medieval. Los nombres son los siguientes:

1. Myrcna Landes
2. Wocensætna
3. Westerna

4. Pecsætna

5. Elmedsætna

6. Lindesfarona medio Hæthfeldlande (dos territorios que cuentan como uno)

7. Suth Gyrwa

8. North Gyrwa

9. East Wixna

10. West Wixna

11. Spalda

12. Wigesta

13. Herefinna

14. Sweordora

15. Gifla

16. Hicca

17. Withgara

18. Noxgaga

19. Ohtgaga

20. Hwinca

21. Cilternsætna

22. Hendrica

23. Unecung(a)ga

24. Arosaetna

25. Færpinga

26. Bilmiga

27. Widerigga

28. East Willa

29. West Willa

30. East Engle

31. East Sexena

32. Cantwarena

33. Suth Sexena

34. West Sexena

Son bastantes tribus, y entre ellas hay algunos nombres que reconocemos. Inmediatamente podemos ver a Mercia en la parte superior, luego a Anglia Oriental, Sajonia Oriental y Occidental, Kent (Cantwarena) y la Isla de Wight (Withgara). El trabajo de Bede también enumera otras tribus, aunque no sabemos mucho sobre ellas aparte del hecho de que tenían reyes y alguna forma de independencia. Elmet, Hwicce, Lindsey y Magonsaete (enumerados aquí bajo diferentes nombres) tenían casas reales que chocaban con las otras casas del momento, pero algunas de estas tribus como los Noxgaga y los Othgaga aún son desconocidas para los historiadores. Incluso lugares como Suth Gyrwa solo provocan especulaciones, ya que no tenemos evidencia concreta de tribus anglosajonas con nombres similares en ningún otro texto. Los cartógrafos modernos han compilado mapas de ubicaciones probables de algunas de estas tribus, y a juzgar por ellos, podemos decir con seguridad que las tribus anglosajonas primero ocuparon las zonas este y sur de Gran Bretaña.

Por supuesto, esta lista no es ni mucho menos exhaustiva. Probablemente había otras tribus menores que se establecieron cerca de estos territorios anglosajones tempranos que se perdieron en el tiempo. Es más que probable que fueran erradicadas a través de la guerra o simplemente asimiladas con las culturas dominantes de los reinos emergentes. Algunos de estos reinos podrían haberse basado en las antiguas unidades romanas conocidas como "civitates", y reinos como Kent, Lindsey, Deira y Bernicia en realidad derivan sus nombres de los términos latinos para estos territorios.

El propósito del *Hidage* en sí mismo no lo conocemos. Teniendo en cuenta el momento y la posición de Mercia (al principio de la lista), probablemente fue emitido por el Rey Wulfhere de Mercia. En ese momento, él tenía control sobre varios reinos del sur, por lo que una lista como ésta habría sido una herramienta útil para saber cómo gravarlos o tener una buena visión general de la tierra en caso de disputas. Este texto contiene, extrañamente, una cifra de 100,000 *hides* para Wessex. Es más del doble de la cantidad que Mercia tenía, 30,000. Esto puede indicar que los autores posteriores cambiaron los números en función de los estados actuales del país. Es decir, Wessex se expandió rápidamente en el siglo XI cuando supuestamente se redactó nuestra primera copia del *Hidage*. Este gran número iría de la mano con el crecimiento contemporáneo del reino.

Bretwalda

Bretwalda es un término que generalmente se traduce como "gobernante de Gran Bretaña". Fue utilizado tanto por el Venerable Bede como por la *Crónica anglosajona* para distinguir a los gobernantes que tenían dominio sobre la mayor parte de la isla durante los primeros días de los reyes anglosajones. Este término podría no haber sido utilizado por cronistas anglosajones contemporáneos, obispos o miembros de la nobleza, y podría haber sido fácilmente un nombre del siglo noveno.

Bede enumera siete reyes que podrían llamarse bretwalda de su tiempo. Cronológicamente, fueron Ælle de Sussex, Ceawlin de Wessex, Æthelberht de Kent, Rædwald de Anglia Oriental, Edwin de Deira, Oswald de Northumbria y Oswiu de Northumbria. *La Crónica anglosajona* también agrega una regla más a la lista, Egbert de Wessex, con Alfredo de Wessex, también conocido como Alfredo el Grande, a menudo categorizado con estos gobernantes.

Ni Bede ni la *Crónica* mencionan a ningún gobernante de Mercia a pesar del hecho de que tenían el mismo nivel comparativo de poder que la bretwalda mencionada. Entre estos gobernantes están Penda, Wulfhere, Æthelred, Æthelbald, Offa y Cœnwulf. El autor anónimo de la *Crónica* claramente tenía un prejuicio antimercista que explicaría su exclusión de la lista.

Lista de reinos

Una vez más, volvemos a George R. R. Martin. Su propio Aegon el Conquistador quería un Poniente unido, por lo que comenzó a conquistar lo que se conocía como los Siete Reinos (de los cuales conquistó seis). Martin tomó prestado muy claramente este número y esta cadena de eventos de la historia anglosajona temprana porque, durante la época de Guillermo el Conquistador, la política de la isla dependía en gran medida de los siete reinos que estaban activos en ese momento. Colectivamente, su regla se llama Heptarquía, o la Regla de los Siete. Hubo, por supuesto, reinos menores, y algunos de estos reinos menores incluso crecerían para crear los principales, pero lo veremos en breve.

Según los historiadores, los siete reinos de la Gran Bretaña medieval temprana, también conocidos como pequeños reinos, fueron los siguientes: Anglia Oriental, Northumbria, Mercia, Wessex, Sussex, Essex y Kent. Cada uno llegaría a dominarse en ciertos puntos de la historia, pero su unificación era inevitable, incluso antes de que Guillermo pusiera un pie en Gran Bretaña.

Anglia Oriental

Como su nombre lo indica, Anglia Oriental fue el reino principalmente habitado por los anglos. Su territorio ocupaba los condados modernos de Suffolk y Norfolk, aunque los historiadores sugieren que se extendió un poco más que eso.

Según el *Tribal Hidage*, Anglia Oriental cubría un área de 30,000 *hides*. Fueron gobernados por los reyes de la dinastía Wuffingas. En sus primeros días, los Wuffingas eran paganos, pero con la llegada del rey Rædwald, comenzaron el lento proceso de conversión al cristianismo.

Por supuesto, la historia de Anglia Oriental comenzó mucho antes que eso. En algún lugar alrededor del año 450 EC, los anglos ya se estaban estableciendo en el área, ocupando la antigua civitas romana de Venta Icenorum. A medida que comenzaron a establecerse, sus reyes crecieron en poder y empezaron a chocar con otros gobernantes locales.

Un hecho interesante a tener en cuenta sobre Anglia Oriental es que probablemente fue la primera área en Gran Bretaña donde se hablaba inglés, o mejor dicho, inglés antiguo. Esto no es una sorpresa teniendo en cuenta que esta área fue uno de los primeros asentamientos anglosajones en la Gran Bretaña romana. Los lingüistas y académicos han estudiado nombres de lugares, inscripciones de monedas, nombres personales y textos antiguos para descubrir el trasfondo lingüístico de la región. Descubrieron que las personas de Anglia Oriental tenían su propio dialecto al igual que los mercianos, los kentish, los sajones occidentales y los norumbrianos. Sin embargo, es muy difícil confirmar esto con cualquier autoridad considerando que, literalmente, no tenemos fuentes escritas de esa época que provengan directamente de Anglia Oriental.

No podemos enfatizar lo suficiente lo triste que es que no haya documentos, como testamentos o cartas, que hayan sido escritos por los anglos orientales. Incluso su historia directa, como la lista de reyes y batallas, nos llega de fuentes externas como el Venerable Bede y la *Crónica anglosajona*. Según la información limitada que tenemos, podemos confirmar algunos datos básicos. Los Wuffingas gobernaron sobre Anglia Oriental hasta 749 cuando murió su último rey. Después de eso, o cayeron bajo el dominio de Mercia o bajo el gobierno de reyes desconocidos para nosotros. A principios del siglo IX, Anglia Oriental había recuperado su independencia, y poco después, los vikingos comenzaron sus incursiones. Al igual que muchos reinos orientales, Anglia Oriental se incorporó a Danelaw, un nombre común para las partes de Inglaterra que estaban bajo el dominio directo danés o vikingo, solo para ser reclamada por Eduardo el Viejo varias décadas después. Las últimas décadas de Anglia Oriental se llenaron de agitación política a medida que la propiedad pasó de los anglosajones a los daneses. El último gobernante danés conocido sobre la región fue Cnut the Great, quien designó a Thorkell el Alto para gobernar como conde de Anglia Oriental en 1017.

Reyes de Anglia Oriental

La única dinastía de Anglia Oriental de la que tenemos datos fue la de los Wuffingas. Afirmaban ser descendientes de Wuffa, un rey semi-mitológico, y su nombre en inglés antiguo significa "los hijos del lobo". Wuffa podría haber gobernado a fines del siglo VI si fuera un rey histórico. La mayoría de las fuentes lo mencionan como el padre de Tytila, el abuelo de Rædwald y el fundador de la dinastía; Sin embargo, algunas fuentes afirman que otro gobernante lo precedió, su supuesto padre, Wehha.

Rædwald de Anglia Oriental

Rædwald fue, sin duda, el más famoso de todos los reyes de Anglia Oriental. Él gobernó el reino de 599 a 624 d. C. De ninguna manera fue el único gobernante poderoso de este período. Æthelberht de Kent ya estaba en el poder cuando Rædwald ascendió al trono y, de hecho, se había casado con Bertha al menos una década y media antes. Otros reyes que estaban en el poder en ese momento fueron Ceolwulf de Wessex, Æthelfrith de Bernicia y Pybba, quienes supuestamente fundarían Mercia en 585.

Rædwald reinó durante 25 años. Durante ese tiempo, según Bede, él era un señor de varios reinos del sur y el cuarto bretwalda. Durante sus primeros años era un rey pagano, pero cuando Agustín desembarcó en Kent, viajó hacia el sur hasta la corte del rey Æthelberht, y una vez allí, Rædwald y otro rey, Saeberht de Essex, fueron bautizados, y cada uno de sus reinos recibió obispados. Esto convertiría a Rædwald en el primer rey de Anglia en convertirse al cristianismo. Su hijo, Eorpwald, también se había convertido, aunque lo hizo mucho más tarde. Sin embargo, una vez que ascendió al trono después de la muerte de Rædwald en 624, fue usurpado del trono y asesinado por un noble pagano llamado Ricberht. Este mismo noble podría haber gobernado incluso Anglia Oriental durante unos años antes de que los Wuffingas reclamaran el trono, y la región volvió al paganismo como lo hizo Kent después de la muerte del rey Æthelberht una década antes.

Rædwald se convirtió en el gobernante de los reinos cercanos después de la muerte del rey Æthelberht. No sabemos mucho sobre los detalles de los primeros años de su reinado. Sin embargo, posiblemente el mayor evento histórico en el que estuvo involucrado fue la deposición de Edwin de Northumbria y la batalla del río Idle.

Edwin no era realmente el rey de Northumbria. En realidad nació en Deira, uno de los dos reinos que conformarían la nueva tierra llamada Northumbria. El segundo reino, Bernicia, estaba gobernado por Æthelfrith que quería deponer y finalmente matar a Edwin. Cuando este tomó el control de ambos reinos en 604 Edwin fue exiliado y buscó refugio en varios reinos diferentes, como el Celtic Gwynedd, Mercia y, finalmente, Anglia Oriental.

Inicialmente, Rædwald recibió al Edwin exiliado y se negó a venderlo a Æthelfrith. Sin embargo, después de múltiples intentos por parte del rey Bernician y Deiran, Rædwald cedió. Según fuentes escritas, este hecho enfurecería a su esposa y le llenó de vergüenza. Supuestamente fue por esta vergüenza que Rædwald, junto a Rægenhere, su hijo y Edwin de Deira, enfrentaron a Æthelfrith en la batalla del río Idle en 616 o 617. El enfrentamiento fue tan sangriento que se arraigó en la conciencia colectiva. La frase "el río Idle estaba sucio con la sangre de los ingleses" ("*the river Idle was foul with the blood of Englishmen*", en inglés) todavía se dice hoy en día. Rædwald perdió a su hijo ese día, pero logró matar al rey berniciano y destruir a sus tropas. Edwin fue coronado el rey del nuevo reino, Northumbria, mientras que Rædwald se convirtió en el primer rey en tener una influencia significativa en la política de un reino independiente. Gobernó sin oposición hasta 624 cuando murió, y su hijo Eorpwald tomó el trono. Los historiadores argumentan que el entierro principesco en Sutton Hoo, con su enorme bote y sus elaborados regalos, fue del propio Rædwald. Algunos especulan que su hijo fue enterrado junto a él en un montículo más pequeño, o que él fue el enterrado en el ataúd y no su padre. Sin embargo, no tenemos ninguna evidencia escrita o arqueológica para corroborar cualquiera de las hipótesis.

Anna de Anglia Oriental

No deje que el nombre le engañe; Anna era muy hombre. A veces registrado como Onna, este rey era sobrino de Rædwald e hijo de Eni, lo que lo convirtió en uno de los Wuffingas. Sucedió a Ecgric, su pariente de la misma familia, aunque no sabemos exactamente cuál era su relación; podrían haber sido hermanos, primos o algo completamente diferente.

Bede alabó a Anna por ser un buen cristiano. Todos sus hijos, un hijo y tres o cuatro hijas, fueron canonizados como santos. Gracias a su influencia, Cenwalh de Wessex también se convirtió durante su exilio en Anglia Oriental.

Anna también fue famoso por asegurar los matrimonios políticos de sus hijas. Seaxburh, su hija mayor, estaba casada con Eorcenberht de Kent, aliando los dos reinos. En 652, casó a su segunda hija Æthelthryth con Tondberct de South Gyrwe. Anna estaba casado con una mujer noble llamada Sæwara.

Durante el reinado de Anna, Penda de Mercia se convirtió en un poderoso monarca. En 651, el rey de Mercia atacó el monasterio de Cnobheresburg, obligando a Anna al exilio. Dos años más tarde, regresó a Anglia Oriental, pero poco después, las fuerzas de Anglia Oriental y Mercia se enfrentarían en Bulcamp. Tanto Anna como su único hijo Jurmin fueron asesinados en la batalla, dejando a su hermano, Æthelhere, como sucesor del trono.

Otros reyes notables de Anglia Oriental

Entre los Wuffingas, otros reyes notables incluyen a Sigeberht, Ealdwulf y Ælfwald. Sigeberht fue el primer rey inglés en ser educado y bautizado antes de ascender al trono. Además, probablemente no gobernó solo, sino que compartió los deberes reales con su primo Ecgric. Después de su abdicación, Ecgric continuaría gobernando solo. Ealdwulf era hijo de Æthelric y nieto de Eni, y su reinado es conocido por ser inusualmente pacífico y próspero, principalmente porque Gipeswic (el Ipswich de hoy) se estaba expandiendo en ese momento. Su muerte en 713 llevó a Ælfwald al trono, y gobernaría durante 36 años, siendo su reinado igualmente pacífico y próspero. Durante su tiempo, la acuñación de monedas se expandió y el comercio con Europa continental floreció. Dado que no hay registros de un heredero directo, y debido a la información contradictoria sobre quién gobernó Anglia Oriental después de su muerte, podemos decir con seguridad que Ælfwald fue el último de los Wuffingas en sentarse en el trono de Anglia Oriental.

Kent

Aparte de la Isla de Wight, Kent es el único reino anglosajón que conocemos que estuvo poblado en gran parte por jutos. También fue el primer territorio en suelo británico donde los anglosajones se convirtieron al cristianismo. También es interesante mencionar que Kent reclamó descendencia directa de los legendarios Hengist y Horsa.

A finales del siglo VI, Kent tenía mucho potencial. Ya estaban teniendo conexiones matrimoniales con los merovingios de Francia. De hecho, los reyes francos probablemente mantuvieron un cierto dominio sobre la región, ya que existen influencias de este reino en los artefactos de Kent. Kent incluso estableció un comercio regular con Francia, y en el siglo siguiente, la influencia de Kent también estuvo presente en otros reinos y territorios europeos, como Renania, Turingia, Frisia y Normandía occidental.

Sin embargo, las relaciones matrimoniales fueron clave. No es que se realizasen por amor o por deber; fueron una herramienta política muy poderosa para asegurar aliados y aumentar la influencia de los reinos respectivos. Æthelberht de Kent, aunque era pagano, se casó con una mujer cristiana de la dinastía merovingia, hija de Charibert I llamada Bertha. Fue gracias a esta pareja que el cristianismo comenzó a extenderse en Inglaterra, y serían los obispos de Æthelberht los que dieron a los anglos su primer rey cristiano en Rædwald de Anglia Oriental.

Lamentablemente, Kent no retendría su gloria por mucho tiempo. En los últimos años del siglo VII, tanto Northumbria como Mercia crecieron en poder. En última instancia, serían los reyes de Mercia los que dominarían Kent a finales de siglo, aunque esto no duraría mucho. Existe evidencia de que Canterbury, al menos, todavía era un poderoso centro urbano, ya que tanto él como Rochester todavía producían la moneda de plata conocida como *sceattas* (singular: *sceat*).

A medida que avanzaba el siglo IX, Wessex tenía la supremacía sobre los otros reinos, y en Kent reinaba el caos. Los ataques vikingos de los siguientes siglos no ayudaron, ya que las incursiones dejaron el reino en ruinas. Thorkell el Alto dirigió la incursión de Canterbury en 1011, diezmando la ciudad. Cuando Guillermo de Normandía llegó a conquistar Inglaterra, Kent no tenía tanto poder como en sus primeros días.

Reyes notables de Kent

Æthelberht de Kent

Posiblemente el gobernante más conocido de este reino, Æthelberht ascendió al trono en el 589 d. C. y terminó su reinado cuando murió el 24 de febrero de 616. Fue considerado como el tercer bretwalda según la *Crónica anglosajona* y Bede. Durante su reinado, fue el primer rey pagano anglosajón en permitir que el cristianismo se practicara abiertamente en su reino, invitando personalmente a una misión de Roma en 597.

Durante su reinado temprano, mantuvo el señorío sobre los sajones orientales y convirtió con éxito a su sobrino, Sæberht de

Essex, al cristianismo. Al igual que Rædwald, que se había convertido en el primer rey cristiano anglo, Sæberht se convertiría en el primer rey cristiano sajón. A partir de su relación con estos dos reyes, podemos determinar que Kent tenía al menos un dominio nominal sobre Essex y Anglia Oriental. Mercia probablemente también estaba bajo el dominio de Æthelberht, aunque esto no está respaldado por suficiente evidencia arqueológica o histórica.

Æthelberht era conocido por sus esfuerzos por cristianizar a su pueblo. Sin embargo, también era conocido por su código de leyes, el documento más antiguo de este tipo en cualquier sociedad germánica de la Edad Media. Estas leyes cubrían los castigos y compensaciones por desaires personales y se dividían por clases sociales. El historiador británico Patrick Wormald había dividido las leyes en nueve secciones. La primera sección trataba sobre la compensación para el clero, la segunda para el rey y sus dependientes directos, la tercera para los condes (*ealdormen*), la cuarta para los *churls*, la quinta para los hombres semi-libres, la sexta para las lesiones personales, la séptima. para las mujeres, el octavo para los sirvientes, y el noveno para los esclavos. Por lo general, serían compensados con dinero, como chelines o sceattas. Una cosa que no sabemos es por qué este código fue escrito en primer lugar. Una posible razón podría ser que Æthelberht quería "civilizar" a su pueblo después de haber aceptado el cristianismo, la religión de la Iglesia romana y de sus superiores gobernantes merovingios y parientes más cercanos. La emisión de este código legal no solo haría que Ethelberht fuese el primer rey en "importar" el cristianismo en Gran Bretaña, sino también uno de sus primeros legisladores.

Los historiadores también especulan que el reinado de Æthelberht vio las primeras monedas acuñadas en Gran Bretaña, o más bien las primeras monedas que no eran romanas. No hay evidencia física de esto, aunque las monedas ya estaban en uso durante el reinado de su hijo y heredero Eadbald, y el propio Æthelberht se refiere a los chelines en su código legal.

La muerte de Æthelberht en 616 mostró cuán influyente era el monarca. Se dice que su hijo rechazó el bautismo y, para sorpresa y condena de la Iglesia, se casó con su madrastra. Aproximadamente al mismo tiempo, el rey de Sajonia Oriental Sæberht, el primer rey sajón en recibir el bautismo y pariente más cercano a Eadbald, también murió, y sus tres hijos paganos tomaron el trono. Los misioneros cristianos de Kent fueron expulsados de ambos reinos, lo que significó una revuelta contra el cristianismo y el señorío de Kent. El arduo trabajo de Æthelberht parecía haber sido en vano, al menos en ese momento.

Wihtred de Kent

Wihtred ascendió al trono alrededor de 690 d. C. después de un período lleno de inestabilidad y sin gobernantes claros en Kent. La mayoría de los reinos estaban efectivamente bajo el señorío de Mercia en este momento, y el predecesor de Wihtred, su padre Ecgberht, murió en 673 cuando sus dos hijos apenas eran niños pequeños.

Hasta 692, Wihtred gobernó juntamente con otro cogobernante de Kent llamado Swæfheard, después de lo cual podría haber gobernado junto a su hijo, Æthelberht II. Durante sus primeros años como rey, Wihtred hizo las paces con Ine de Wessex. El predecesor de Ine, el rey Cædwalla, había conquistado previamente Kent e instaló un rey títere llamado Mul que fue asesinado por la gente común de Kent. Ine pagó una indemnización por el incidente, mientras que Wihtred probablemente le dio algo de tierra a cambio.

Wihtred también era un conocido legislador. Si bien la fecha no se conoce con certeza, los historiadores sugieren que finales de 695 fue el año en que Wihtred finalizó su código, con Ine de Wessex haciendo lo mismo un año antes, lo que sugiere que los dos monarcas trabajaron juntos en sus años de paz. Las leyes tratan principalmente de asuntos eclesiásticos. De sus 28 capítulos, solo los últimos cuatro no tienen nada que ver con la Iglesia. Leyendo las leyes, podemos suponer que la Iglesia recibió muchos privilegios y disfrutó de una posición alta en la sociedad. Las creencias paganas aún existían, aunque practicarlas tenía severas sanciones, de acuerdo con las leyes de Wihtred.

Estatua de Æthelberht de Kent, interior de la catedral de Rochester[10]

Eadberht III Præn

No hay demasiada información sobre este rey, pero lo que sí sabemos es que gobernó desde 796 hasta 798 y fue el último rey de un Kent independiente. Llegó al poder directamente después de la muerte de Offa de Mercia, que había gobernado Kent directamente antes de morir. Antes de eso, Eadberht estaba en el exilio disfrutando de la protección de Carlomagno. Su reinado no fue largo, ya que solo

---

[10]Imagen original cargada por Polylerus el 24 de junio de 2006. Recuperado de https://commons.wikimedia.org/ en marzo de 2019 con modificaciones menores bajo la siguiente licencia: Creative Commons Attribution-Share Alike 3.0 Unported. Esta licencia permite a otros remezclar, ajustar y desarrollar su trabajo incluso por razones comerciales, siempre que lo acrediten y otorguen licencias de sus nuevas creaciones bajo los mismos términos.
.

dos años después de su ascensión, el rey merciano Cœnwulf saqueó Kent y lo capturó. Dependiendo de las fuentes, Eadberht estaba cegado y le cortaron las manos o fue liberado por Cœnwulf como muestra de buena voluntad. Cualquiera que sea el caso, Eadberht fue el último gobernante de Kent que no fue un rey títere.

Otros reyes notables de Kent

Gran parte de la historia de Kent después de Æthelberht incluye reyes de otras casas, como Mul. Mul fue designado como rey por su hermano, Cædwalla de Wessex, en 686 después de su conquista conjunta de Kent y la Isla de Wight. Pero los informes indican que al año siguiente, los Kentish se rebelaron contra Mul y lo quemaron. Después de Mul, hubo varios "reinados conjuntos" que incluyeron a los reyes Swæfheard, Oswine, Swæfberht y Wihtred. No todos estos gobernantes eran de Kent, ya que algunos tenían lazos familiares con Wessex y Essex. Finalmente, debemos mencionar a Baldred de Kent. Él gobernó el reino desde 823 hasta posiblemente 827, y es interesante para los historiadores porque no está claro si fue un rey títere de Mercia o el último rey nacido en Kent que estuvo en el trono.

Essex

Essex es el nombre moderno del reino de los sajones orientales. El territorio de este pequeño reino abarcaba desde Anglia Oriental hasta Kent y desde Mercia hasta el mar del Norte. Por lo que sabemos, varias tribus existieron en esta área antes de fusionarse en un gran reino. Esas personas incluyeron a los Rodings, los Uppingas, los Haeferingas, los Haemele, los Berecingas, los Ginges, los Denge y los Vange. Su reino llegó a ser a principios del siglo VI, y al igual que otras tribus sajonas paganas, los reyes del futuro Essex afirmaron que Woden era su antepasado directo.

Lamentablemente, no hay muchos registros escritos o evidencia arqueológica para que podamos reconstruir cómo era Essex durante la época de otros reinos anglosajones. Solo sabemos que habían sido subyugados en múltiples puntos por reinos regionales más grandes y poderosos como Mercia, Anglia Oriental o Kent.

A lo largo de su existencia, los sajones del este tuvieron fuertes lazos con los reyes de Kent. La insistencia de Æthelberht en convertir a su sobrino Sæberht al cristianismo tuvo un papel fundamental en esto, ya que las familias reales continuaron apoyándose y casándose incluso durante el dominio de Mercia. En un momento en el siglo VIII, Essex comenzó a acuñar monedas, posiblemente como una forma de afirmar su independencia de otros reinos. Mercia finalmente tomaría el control de Essex, pero a fines del siglo IX, se incorporaría al Danelaw. Una vez que Eduardo el Viejo retomó el territorio de los daneses, el gobernante de Essex fue diseñado como un *ealdorman* en lugar de un rey. Desde ese punto hasta la conquista de Guillermo, Essex era poco más que una comarca.

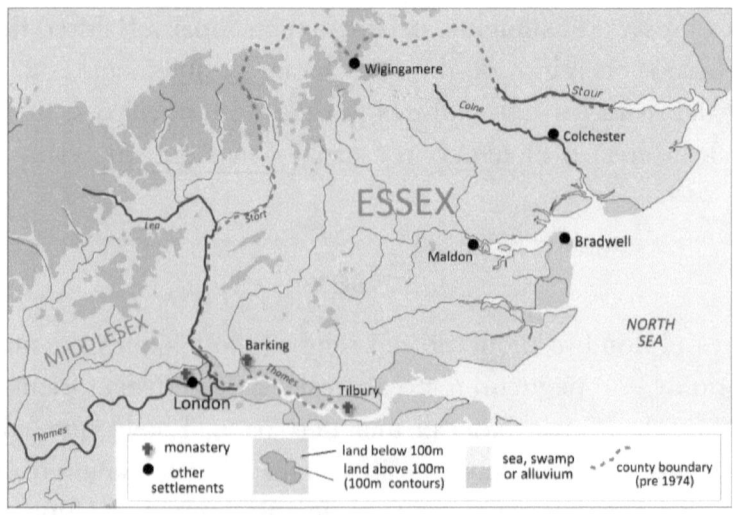

Mapa de Essex anglosajón [11]

Reinos notables de Essex

Sæberht de Essex

Sæberht ascendió al trono en 604, siguiendo a su padre, Sledd. Al año siguiente, se convirtió al cristianismo en Kent. Sin embargo, todos sus hijos se mantuvieron paganos, lo que provocó problemas después de su muerte en 616. Durante el mismo período, Mellitus, miembro de la misión gregoriana a Canterbury, fue nombrado primer obispo de Londres.

No se sabe mucho sobre la vida de Sæberht. Tenía lazos familiares en Kent, y los dos reinos permanecieron unidos incluso después de su fallecimiento. Sæberht mismo era el hijo de Sledd, quien podría haber sido el fundador de la primera dinastía de Essex, aunque no podemos saberlo con certeza. Durante su tiempo, Londres y Colchester eran parte de Essex, y Londres, en particular, todavía era una ciudad clave dentro del reino, conservando esta posición desde la época romana. Dentro de Londres, el Rey Æthelberht construyó la antigua iglesia de San Pablo, posiblemente en el mismo lugar donde se encuentra la actual catedral de San Pablo. Esto muestra que si bien Sæberht gobernó a Essex por derecho propio, su tío todavía tenía dominio sobre él. Después de todo, Londres no estaba en Kent, ni una parte directa, durante el reinado de Sæberht.

La muerte de Sæberht resultó en eventos similares a los de la muerte de su tío en Kent. Mellitus, todavía obispo de Londres, fue exiliado de la ciudad por los hijos de Sæberht. Los tres hijos eran paganos y, según la leyenda, exiliaron a Mellitus porque se negó a permitirles probar el pan sacramental. Cualquiera que fuese el caso, Essex ya no era un refugio seguro para los cristianos, al menos a

---

[11] Imagen original subida por Hel-hama el 22 de julio de 2012. Recuperada de https://commons.wikimedia.org/ en marzo de 2019 con modificaciones menores bajo la siguiente licencia: Creative Commons Attribution-Share Alike 3.0 Unported. Esta licencia permite a otros desarrollar tu trabajo incluso para razones comerciales, siempre que lo acrediten y otorguen licencias de sus nuevas creaciones bajo los mismos términos..

principios del siglo VII. El sitio de Prittlewell en el condado de Essex contiene una tumba anglosajona elaborada y posiblemente real. Algunos arqueólogos especulan que Sæberht podría haber sido enterrado aquí. Otros afirman que en realidad es el lugar de descanso de su nieto, Sigeberht el Bueno, quien también era un rey cristiano.

Sigeberht el Bueno

Ascendió al trono alrededor de 653, Sigeberht gobernó Essex durante siete años hasta que fue asesinado por sus parientes. A diferencia de su abuelo, el primer rey cristiano de los sajones orientales, en este caso sí que conocemos algunos detalles de la vida de Sigeberht.

A diferencia de su padre y sus parientes antepasados, Sigeberht se convirtió al cristianismo, aunque lo hizo a instancias de su amigo, el rey Oswiu de Bernicia. Fue bautizado en una de las propiedades de Oswiu por el obispo Finan. En sus últimos años, Sigeberht pediría la ayuda de Oswiu para reconvertir a los sajones orientales en cristianos. Un monje llamado Cedd dirigió la misión con algunos otros monjes y fue a Essex, habiendo terminado previamente el trabajo misionero con los anglos meridionales. Más tarde, Cedd se convertiría en obispo de Essex. Las iglesias y las comunidades cristianas estaban emergiendo lentamente en Essex nuevamente, y el reino parecía estar volviendo al cristianismo.

Lamentablemente, los hermanos de Sigeberht (a quienes Bede no menciona por su nombre al volver a contar este evento) no estaban de acuerdo con su nueva religión. Sin embargo, el asesinato del rey podría haber tenido dos culpables conocidos. Uno sería su primo Swithhelm, hijo de Seaxbald, mientras que el otro era el hermano Swithfrith de Swithhelm. Bede retrata este asesinato como si los parientes mataran a Sigeberht por sus creencias, pero hay razones para creer que estaban involucradas políticas de sucesión más complejas. Después de la muerte del rey, Swithhelm tomó el trono y gobernó durante los siguientes cuatro años.

Otros Reinos notables de Essex

Teniendo en cuenta lo poco que sabemos sobre los reyes de Essex, es interesante ver que dos gobernantes son señalados por separado como los progenitores de su dinastía real. El primero de ellos es Æscwine. No sabemos casi nada de este rey aparte de algunas variantes de nombre, aunque su nombre sugeriría cierta influencia juta, probablemente kentish. Algunos estudiosos consideran que su supuesto hijo, Sledd, el padre de Sæberht, es el legítimo fundador de la casa de Essex. Al igual que su hermano, sabemos muy poco sobre Sledd. Podría haberse casado con Ricula, la hermana de Æthelberht, el rey de Kent, y su hijo se habría convertido en el primer rey cristiano de Sajonia Oriental. Sin embargo, Sledd también tuvo otro hijo, Seaxa, de quien solo conocemos el nombre.

Otro rey notable es Sigered de Essex. Ascendió al trono en 798 y gobernó hasta 825. Sin embargo, fue el último rey y gobernante nativo de Essex. Esto se explica por el hecho de que solo había sido rey hasta 812. Presionado por sus señores mercianos, ya no era rey, sino simplemente un duque. Como duque, gobernó sobre Essex hasta 825 cuando cedió su reino. Essex luego fue sometido a un gobierno diferente, al de Ecgberht de Wessex.

Sussex

Los South Downs son una serie de lomas de caliza que contienen una colina particularmente grande y prominente, la de Highdown Hill. Como asentamiento, estuvo habitado mucho antes de que los romanos pusieran un pie allí, pero también es un sitio importante para investigar la historia anglosajona: alrededor de 450 d. C. albergaba un notable cementerio anglosajón que produjo muchos artefactos de vidrio interesantes. Esta región se convertiría en el hogar de los sajones del sur, la tribu y el reino posterior que probablemente conocemos menos en términos históricos.

La fecha mencionada aquí es importante porque los sajones del sur rastrearon su linaje hasta el desembarco de sus antepasados más antiguos que, según las evidencias, ocurriría más de dos décadas después del 450 d. C. En términos cronológicos, eso no tiene sentido, aunque la historia que cuentan, una de batallas y conquistas, podría haber sucedido en esos días, pero como por aquel entonces los anglosajones no podían leer o escribir, no podemos corroborarlo.

Sussex es el reino más al sur de la heptarquía anglosajona. Solía estar muy por debajo de Kent y probablemente habría sido un reino pagano hasta bien entrado el siglo VII. Aliados con los mercios contra Wessex, los reyes de Sajonia del Sur mantendrían su independencia, y su rey, Æthelwealh, se convirtió al cristianismo en 661 EC. Incluso invitó a un misionero, Wilfrid de Northumbria, a convertirse y predicar a sus súbditos del 681 al 686 d. C. A pesar de esta alianza, los sajones del sur continuarían siendo hostigados por los sajones occidentales hasta bien entrado el siglo VIII. Sin embargo, Sussex perdió su independencia ante Offa de Mercia, alrededor de 770, aunque parece haberla recuperado un poco a finales de siglo. Por fin, alrededor del 825, después de la batalla de Ellendun, Wessex reclamó Sussex para sí mismo, y desde entonces, el reino ya no sería un reino, sino una tierra gobernada por duques y *ealdormen*. Algunos de estos desempeñarían papeles prominentes en los siglos siguientes, especialmente durante las guerras contra el Danelaw y la escena política antes de la conquista normanda.

Sussex era, según la evidencia arqueológica, una comunidad próspera tanto durante su apogeo como bajo el dominio extranjero. Al igual que otros reinos que lo rodeaban, Sussex acuñó sus propias monedas, con variaciones de estas monedas que datan del siglo VIII. Además de la acuñación, Sussex también floreció en el comercio y la agricultura, así como en el pastoreo. La ciudad de Lewes, en particular, tiene una rica historia en el comercio, la agricultura y el pastoreo.

En lo que se refiere a la ley, varios nombres de lugares como Tinhale, Madehurst y Ditchling sugieren que los primeros sajones del sur participaron en *folkmoots*, donde grupos de hombres libres presididos por los nobles discutían los temas del día o resolvían disputas. No existía un verdadero órgano de gobierno, y la práctica adecuada de la ley no sucedió hasta la cristianización de Sussex en el siglo VII. En el siglo X, cuando estaban bajo el dominio de Wessex, se llevaron a cabo varios witō gemōts en Sussex, especialmente el de 930 y el del reinado del rey Ethelstan, probablemente celebrado en Hamsey.

Reyes notables de Sussex

Æthelwealh de Sussex

Æthelwealh vivió durante el tiempo de Wulfhere de Mercia y fue el primer rey de Sussex cuya existencia se puede confirmar. No sabemos cuándo nació, pero sabemos que probablemente tomó el trono en el 660 d. C. Sin embargo, antes de hacerlo, viajó a Mercia para encontrarse con Wulfhere, ya que en los primeros años de este siglo los dos reinos se unieron en una especie de unión política. Mientras estaba en Mercia, Æthelwealh fue bautizado y Wulfhere actuó como padrino. Este acto convirtió a Ethelwealh en el primer rey cristiano del sur de Sajonia. Sin embargo, el resto de Sussex no sería bautizado hasta aproximadamente dos décadas después. Un detalle más sobre Wulfhere y Æthelwealh que conocemos es el regalo del rey de Mercia de la Isla de Wight al rey de Sajonia del Sur en 661, que anteriormente había sido independiente o bajo el control de Kent.

En 681, afectado por la hambruna, el pueblo sajón recibió la visita de San Wilfrid de Northumbria. Estaba allí en una misión para convertirlos, y evidentemente, hizo un buen trabajo al enseñar a los sajones hambrientos a pescar para que no pasaran hambre. Si bien esta historia es apócrifa en el mejor de los casos, sabemos que Æthelwealh le dio a Wilfrid 87 *hides* como regalo por sus esfuerzos, y Wilfrid fundó la abadía de Selsey con la villa real, comparable a una mansión o parroquia, que Æthelwealh le había regalado previamente. Tal abadía sigue siendo el centro del obispado de Sussex hasta que llegó Guillermo el Conquistador y reclamó Sussex.

Wilfrid, sin embargo, no era demasiado leal al rey de Sajonia del Sur. Cuando se reunió con Cædwalla de Wessex, en algún momento después del bautismo de los sajones del sur, los dos llegaron a un acuerdo para promover sus propios intereses trabajando juntos contra Ethelwealh. Tanto el sacerdote como el príncipe eran exiliados de sus reinos, aunque Cædwalla más tarde se convertiría en el rey de Wessex durante tres años. Durante el reinado de Æthelwealh, Cædwalla estaba a cargo de una tribu llamada Gewisse. En 685, mató a Ethelwealh y tomó el trono de Sussex por la fuerza. Desafortunadamente para él, no lo mantuvo mucho tiempo, ya que dos de los *ealdormen* de Æthelwealh llamados Berhthun y Andhun lo persiguieron. Durante ese mismo año, Cædwalla vendría a gobernar Wessex.

El reino de Æthelwealh no está tan bien documentado como el de otros reyes contemporáneos. Sin embargo, fue un gobernante instrumental para llevar el cristianismo a los sajones del sur de Gran Bretaña. También fue uno de los primeros gobernantes en reconocer cuán poderoso podía ser un aliado de Mercia, ya que su alianza con Wulfhere resultó ser fructífera. También sabemos que tenía al menos alguna forma de alianza con un reino menor llamado Hwicce, considerando que tomó a Eafe, la hija del rey Eanfrith, como su reina. Sin embargo, no sabemos si el matrimonio produjo algún heredero.

Otros Reinos notables de Sussex

Ninguna lista de reyes de Sussex estaría completa sin mencionar al supuesto progenitor de su noble línea. Según la leyenda, Ælle of Sussex desembarcó por primera vez en las costas de Gran Bretaña en 477. Después de que él y sus tres hijos—Cymen, Wlencing, y Cissa—, llegaron a la isla, comenzaron a matar a algunos de los británicos locales. El año 485 supuestamente también vería la victoria de Ælle sobre la gente celta local en un lugar llamado Mearcred's Burn.

Luego, en 491, asedió un lugar llamado Andredes cester con su hijo Cissa y, una vez más, cometió el genocidio de los celtas. Aunque era pagano, Ælle fue celebrado como uno de los mejores reyes de Sajonia del Sur.

Por supuesto, el cronograma de eventos de Ælle no coincide con los hallazgos arqueológicos en Highdown Hill. De hecho, incluso es difícil rastrear si realmente existió. Sin embargo, Bede y la *Crónica anglosajona lo* mencionan como el primer bretwalda en gobernar sobre las tribus anglosajonas de su área.

Northumbria

Northumbria era el reino más al norte de los reinos anglosajones, aunque inicialmente no comenzó como un solo reino. Durante la cristianización de los anglosajones, su territorio albergaba dos reinos más pequeños pero igualmente influyentes, los de Deira y Bernicia. Su nombre común después de la unificación, Northumbria, proviene de su ubicación al norte del estuario de Humber en la costa este de Gran Bretaña. Es posible que Bede haya sido el primero en acuñar el término y que los reyes de Northumbria unida simplemente se hayan denominado "rey de Bernicia y Deira".

De los dos, Deira estaba más cerca del Humber, bordeando Bernicia en el río Tees. Al oeste, Deira bordeaba el borde del Valle de York, y, por supuesto, York era la capital. Bernicia se extendió desde Tees hasta el río Forth. Su propia capital era la ciudad de Bamburgh, que se convertiría en el único condado independiente que queda de la región en el siglo IX antes de que Inglaterra y Escocia la absorbieran finalmente años después.

Es difícil hacer un seguimiento de todos los reyes que gobernaron Northumbria, principalmente porque las dinastías de los dos reinos cambiaban constantemente. Un miembro de la línea real de Bernicia tomaría el trono de Deira solo para ser reemplazado una generación más tarde por un gobernante de Deira, quien a su vez también tomaría el trono de Bernicia. Sin embargo, el reino le dio a Gran

Bretaña no menos de tres reyes que serían nombrados bretwalda por Bede y la *Crónica anglosajona*.

Es importante tener en cuenta que tenemos más información sobre Northumbria que sobre todos los demás reinos. El propio Bede era de Northumbria, por lo que es seguro decir que tenía un claro sesgo al elegir qué reinos quería analizar con más detalle. Por ejemplo, habla muy poco sobre mercianos y sajones del oeste porque estos dos tendrían el mismo nivel de poder que Northumbria tuvo una vez. También explicaría por qué no incluyó a ningún merciano y solo a un rey de Sajonia Occidental cuando habló sobre los bretwaldas de la isla. Sin embargo, su visión nos brinda mucha información sobre cómo este reino más septentrional creció, se expandió e interactuó con otros.

Reinos notables de Northumbria

Antes de continuar con esta sección, es importante tener en cuenta que no todos estos reyes se llamaron a sí mismos de gobernantes únicos de los dos territorios. A veces, un gobernante solo reinaría sobre Deira o Bernicia, más tarde sería depuesto por un gobernante diferente, y volvería al trono con un título diferente. En aras de la simplicidad, trataremos a estos gobernantes como reyes de Northumbria en lugar de gobernantes de Bernicia, Deira o ambos reinos con ambos nombres intactos dentro de los títulos.

Æthelfrith de Bernicia

Æthelfrith estaba en el poder a principios del siglo VII. Antes de convertirse en el gobernante de Bernicia, ya era conocido por sus éxitos militares contra los británicos celtas. El rey de Bernicia siguió empujando a los británicos más al oeste, asegurándose más y más tierras para él. Alrededor del 604, exilió a Edwin y tomó el trono de Deira. Aunque no unió oficialmente a los dos reinos, fue su gobernante hasta el día de su muerte, poco más de una década después.

Otros eventos notables de la vida de Æthelfrith incluyen la famosa batalla de Chester contra el Reino de Powys y su matanza de monjes en Bangor-Is-Coed. Ambos eventos ocurrieron en algún momento entre 613 y 616 d. C. Durante la batalla de Chester, las fuerzas de Æthelfrith aplastaron a varios reyes celtas, así como a reyes de otros países anglosajones como los mercios. El rey de Powys fue asesinado en la batalla, al igual que otro rey cuyo nombre conocemos pero que no podemos reconocer históricamente.

Fue la matanza de monjes lo que dejó una impresión particular en Bede cuando escribió sobre Æthelfrith de Bernicia. Según él, los monjes de Bangor-Is-Coed no hicieron nada más que rezar cuando llegaron las fuerzas de Æthelfrith. Él vio esto como una insolencia, por lo que mató a más de mil monjes. Unos cincuenta más o menos lograron escapar. Cualquiera que sea su razonamiento detrás de este acto, tanto la matanza de los monjes como la batalla de Chester lograron separar a los celtas del norte de los del suroeste.

El reinado de Æthelfrith no duraría mucho después de estos eventos. Edwin, con la ayuda de Rædwald, se escondió en Anglia Oriental después de pasar de un reino a otro durante su exilio. Aparentemente, Æthelfrith le ofreció una compensación a Rædwald varias veces para que abandonara a Edwin, y aunque el rey de Anglia Oriental finalmente cedió, su reina lo avergonzó para que tomara las armas. Æthelfrith murió en la batalla del río Idle, dejando el trono de Deira y Bernicia vacante para que Edwin lo reclamara.

Edwin

Edwin era el hijo de Ælle, el primer rey de Deira conocido históricamente. Poco después de la muerte de su padre, sin embargo, un gobernante diferente, Æthelfrith, tomó el trono. Mientras estaba en el exilio, Edwin se casó por primera vez con una mujer llamada Cwenburg, la hija del rey merciano Ceorl. Con la ayuda del rey de Anglia Oriental Rædwald, Edwin depuso a Æthelfrith y tomó el control de su nativa Deira y Bernicia, lo cual era insólito, ya que la mayoría de los reyes que gobernaron sobre ambos reinos eran de la casa gobernante de Bernician.

Edwin expandió lentamente su territorio y emprendió cambios importantes. Su segundo matrimonio fue con Ethelburg, la hermana del gobernante de Kent, Eadbald, un querido amigo de Edwin. Como Kent había experimentado conversiones masivas al cristianismo, era solo cuestión de tiempo antes de que la nueva religión comenzara a surgir en Northumbria. El mismo Edwin fue bautizado en 627 EC.

En términos de expansión, Edwin se apoderó del este de Mercia, la Isla de Man y Anglesey. Si bien no fue un rey particularmente decisivo durante la vida de Rædwald, se ganó el título de bretwalda en sus últimos años. En 629, supuestamente derrotó a Cadwallon ap Cadfan, el rey de Gwynedd y su posible hermano adoptivo. Durante casi media década, nadie desafiaría a Edwin hasta la batalla de Hatfield Chase en 633. Cadwallon y Penda de Mercia derrotaron y mataron al rey de Northumbria. Según algunos relatos escritos, escondieron su cuerpo en Edwinstowe, un evento que daría nombre al lugar. Luego llevaron su cabeza a York y la enterraron, mientras que el resto de su cuerpo fue enterrado en Whitby. Edwin fue venerado como un santo, y su culto se desarrolló lenta pero firmemente en Northumbria en ese momento.

Después de la muerte de Edwin, sus sucesores volvieron al paganismo y hubo luchas internas masivas. Cadwallon seguía siendo una amenaza, pero un gobernante diferente de Northumbria iba a acabar con él muy pronto.

Retrato de san Edwin de Northumbria, St. Mary, Siedmere, Yorkshire[12]

Oswald

Oswald era un príncipe berniciano e hijo de Æthelfrith. Cuando su padre fue asesinado y Edwin llegó al poder, Oswald estaba en el exilio, viajando por diferentes reinos y aprendiendo irlandés. Una vez que regresó a Bernicia, luchó contra el Rey Cadwallon en Heavenfield y destruyó su ejército, a pesar de contar con menos soldados. Cadwallon también había matado previamente al hermano de Oswald, Eanfrith, quien gobernó Bernicia por un período de tiempo muy corto. La victoria de Oswald le trajo honor y reconocimiento,

---

[12] Imagen original subida por Thomas Gun el 31 de octubre de 2009. Recuperado de https://commons.wikimedia.org/ en marzo de 2019 con modificaciones menores bajo la siguiente licencia: Creative Commons Attribution-ShareAlike 2.0 Generic. Esta licencia permite a otros desarrollar tu trabajo incluso por razones comerciales, siempre que lo acrediten y otorguen licencias de sus nuevas creaciones bajo los mismos términos.

por lo que su siguiente paso parecía muy claro. Poco después de su victoria sobre las fuerzas combinadas de Gwynedd y Mercia, Oswald fue coronado rey de Bernicia y Deira, el primer rey después de Edwin en hacerlo y el segundo rey de Bernicia en ocupar el trono. Más tarde fue conocido como un bretwalda, posiblemente tomando el control del reino de Lindsey y el pueblo de Goddodin.

El cristianismo también jugó un papel importante durante el reinado de Oswald. Después de que su reino recayera en el paganismo, comenzó a tomar medidas activas para reinstalar la fe en Cristo. Con la ayuda de un sacerdote irlandés llamado Aidan, la conversión tuvo lugar en algún momento antes de 635, cuando Aidan se convirtió en obispo. El mismo Oswald sería venerado como sacerdote después de su muerte, y su culto se volvería tan fuerte que eclipsó al de Edwin, su predecesor.

Oswald finalmente moriría durante la batalla de Maserfield. Su ejército perdió ante Penda de Mercia, y Oswald fue asesinado y cortado en pedazos con sus extremidades montadas en púas. Esto sucedió en 641 o 642, y las consecuencias de esta batalla fueron la fortificación del poder de Penda en el sur y la agitación política en Northumbria.

Oswiu

Oswiu era el hermano de Oswald, que tomó el trono de Bernicia porque el heredero legítimo, el hijo de Oswald Œthelwald, era menor de edad. Durante sus primeros años, se casó con la princesa Deiran Eanflæd. Lamentablemente, esta unión matrimonial no lo ayudó a mantener ningún control sobre Deira, que en ese momento estaba gobernada por un rey diferente, Oswine.

Alrededor de 651, Oswiu y Oswine estaban listos para participar en la batalla, pero según Bede, Oswine envió a sus tropas a casa y luego fue traicionado y asesinado por uno de los suyos en nombre de Oswiu. Como compensación por su muerte, Oswiu fue a Gilling y estableció una abadía donde la gente podía rezar por ambos reyes.

Œthelwald, el hijo de Oswald y potencial heredero legítimo del trono de Bernicia, recibió el gobierno de Deira.

Otro gobierno del que Oswiu logró deshacerse fue el de Penda de Mercia. La influencia de Penda se fortaleció durante este período, y él fue efectivamente el bretwalda, a pesar de que las fuentes escritas omiten a todos los mercianos que se ajustan al título. La rivalidad entre Oswiu y Penda aumentó en la batalla de Winwaed en 655. Penda perdió la batalla y fue asesinado. Considerando que era un rey pagano, la victoria de Oswiu efectivamente terminó con el paganismo en la Inglaterra anglosajona.

Oswiu se convertiría en un poderoso bretwalda por derecho propio. Su influencia se sintió en Mercia, Kent y posiblemente incluso en partes de Gales. El Rey Merciano Wulfhere eventualmente se levantó contra Oswiu, pero resolvieron esta disputa con diplomacia. Este evento ocurrió en algún momento entre 657 y 659.

El rey de Northumbria siguió siendo una figura poderosa hasta su muerte en 670. Su hijo Ecgfrith fue su sucesor en Bernicia, mientras que Deira fue gobernada por su otro hijo Ælfwine.

Otros reyes notables de Northumbria

Ælla e Ida fueron los primeros gobernantes conocidos de Deira y Bernicia, respectivamente. Los descendientes de Ælla incluso afirmaron que rastrearon su ascendencia hasta Woden. Dos reyes más notables que llegarían a gobernar Deira fueron Osric y su hijo, Oswine. Osric y otro gobernante, Eanfrith de Bernicia, fueron considerados los peores gobernantes de esa época en Northumbria, ya que volvieron al paganismo y apenas mantuvieron sus dos reinos juntos. Osric fue asesinado por Cadwallon en algún momento, después de lo cual su hijo Oswine se convirtió en rey. Él gobernó hasta 651 cuando su amigo Earl Humwald lo traicionó entregándolo a los soldados de Oswiu que lo ejecutaron, ayudando a Oswiu a controlar Deira con mayor firmeza.

Mercia

Tal vez tratada de manera injusta por los escritores de fuentes contemporáneas, Mercia fue una de las mayores potencias en la Inglaterra anglosajona, produciendo varios monarcas que controlarían la mayor parte del territorio actual de Inglaterra. A menudo emprendieron guerras y fueron el último reino en retener el paganismo hasta que su rey, Penda, fuera asesinado en 655.

Durante su apogeo, los mercios tenían el control sobre varios territorios importantes, algunos de los cuales incluían antiguos reinos menores. Estos eran el norte y el sur de Mercia, la llamada "Mercia exterior", Lindsey, tierra de los anglos meridionales, Hwicce, tierras de Wreocansæte, tierras de Pecsæte, la tierra entre Ribble y Mersey, y la tierra de los sajones medios. Además, sus reyes podrían instalar gobernantes títeres en otros reinos más grandes, afirmando su dominio sobre ellos.

Los mercios seguirían siendo una poderosa fuerza regional hasta el surgimiento de los sajones occidentales a principios del siglo IX. Si bien permanecerían independientes durante la invasión vikinga, eventualmente perderían su independencia ante Eduardo el Viejo a principios del siglo X. Hubo algunos intentos de restablecer la independencia, pero no surgió nada sustancial. Al final del período pre-normando, Mercia ya había sido reducida a una provincia.

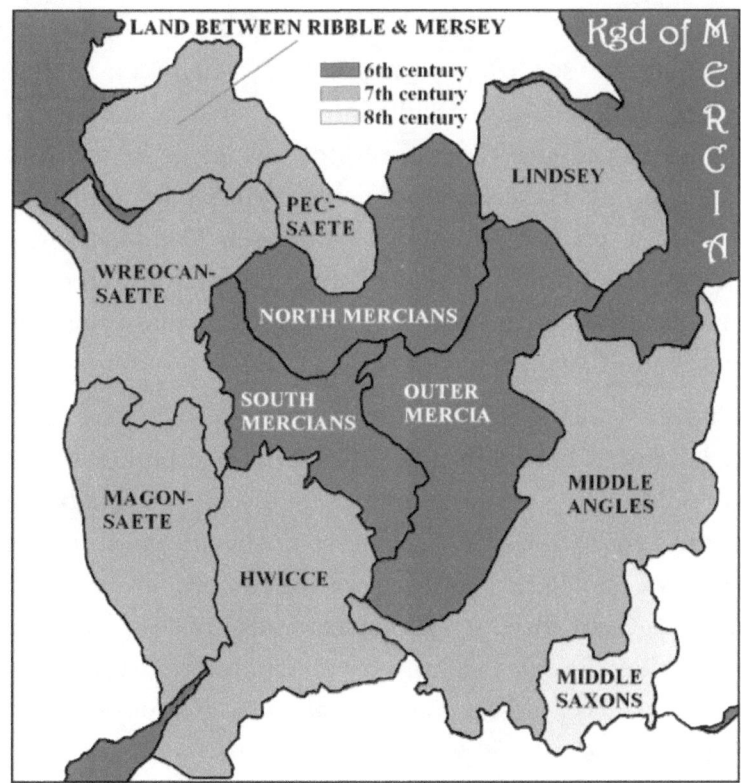

Mapa de Mercia en el apogeo de su poder[13]

Reyes notables de Mercia

Penda

Penda ascendió al trono de Mercia, probablemente alrededor de 626 d. C. Como gobernante, fue famoso por sus muchas campañas exitosas contra otros reyes locales. De hecho, sus batallas efectivamente terminaron los reinados de algunos reyes clave de la región.

---

[13] Imagen original subida por TharkunColl el 9 de septiembre de 2009. Recuperado de https://commons.wikimedia.org/ en marzo de 2019 con modificaciones menores bajo la siguiente licencia: Creative Commons Attribution-Share Alike 3.0. Esta licencia permite a otros desarrollar tu trabajo incluso por razones comerciales, siempre que lo acrediten y otorguen licencias de sus nuevas creaciones bajo los mismos términos.

La primera victoria de Penda llegó contra los sajones occidentales cuando aplastó a sus reyes Cynegils y Cwichelm en la batalla de Cirencester en 628. Como resultado de su victoria, los reyes sajones occidentales le cedieron este territorio, que luego se convertiría en parte del reino de Hwicce. Su siguiente gran batalla fue la batalla de Hatfield Chase en 633, donde él, junto con Cadwallon, derrotó a Edwin de Northumbria. La alianza entre Cadwallon y Penda fue tan fructífera que continuaron con sus exitosas campañas mucho después de la muerte de Edwin.

Oswald, el siguiente rey de Northumbria, también cayó ante Penda durante la famosa batalla de Maserfield. En este punto, Penda había gobernado Mercia durante al menos quince años y había sido un consumado señor de la guerra. Este es un hecho importante a tener en cuenta, ya que Penda todavía era un rey pagano, y las naciones cristianas de Gran Bretaña se estaban desmoronando ante él, de izquierda a derecha. De hecho, probablemente sea seguro decir que Penda habría sido el último gran rey pagano que siguió siendo pagano hasta que murió.

Después de la muerte de Oswald, Oswiu tomó el control de Bernicia e intentó afirmarse en Deira. Durante este tiempo, Penda y él tuvieron una relación algo decente, y Penda incluso casó una de sus hijas con el hijo de Oswiu, Alhfrith. Además, una de las hijas de Oswiu también se casó con uno de los hijos de Penda, con su aparente heredero, Peada. Sin embargo, Peada tuvo que convertirse al cristianismo para que este matrimonio se pudiese celebrar. A pesar de ser pagano, Penda aparentemente toleró a los cristianos, incluso llegó a condenar a quienes se declaraban cristianos pero no seguían los principios de su creencia.

Sin embargo, nada de esto impediría a Penda invadir el reino de Oswiu en 655. Si bien Oswiu había intentado comprar la paz con oro, Penda todavía quería aplastarlo. Sin embargo, una combinación de oportunidad, deserción militar de los soldados de Mercia y suerte propiciaría el ataque de Oswiu contra Penda en la batalla menor de

Winwaed ese mismo año. El ejército de Penda era mucho más grande, pero Oswiu atacó cuando era más vulnerable. Penda fue asesinado y, como consecuencia, su hijo Peada fue impuesto como un rey títere que servía directamente bajo Oswiu. El rey de Northumbria gobernaría a los mercios durante unos tres años antes de que un nuevo rey tomase el trono y se estableciese como la nueva potencia de Mercia.

Wulfhere

Poco después de ser designado como un rey títere, Peada de Mercia fue asesinado, lo que le dio a Oswiu el dominio directo de Mercia. Sin embargo, en 658, tres hombres llamados Immin, Eafa y Eadbert se rebelaron contra el rey de Northumbria y elevaron al otro hijo de Penda como rey. Ese hijo sería conocido como el primer rey cristiano de Mercia, y su nombre era Wulfhere.

Wulfhere no tardó mucho en comenzar su propia conquista de los reinos del sur. Inicialmente hizo una alianza con Æthelwealh de Sussex, ayudándolo a convertirse al cristianismo. El año 661 vería a Wulfhere regalando a los sajones del sur la Isla de Wight, que previamente había arrasado.

Durante este mismo año, Wulfhere atacó a los sajones occidentales. En la década de 670, se había convertido efectivamente en el señor supremo de la región, y los mercios retendrían este poder hasta que el rey Cædwalla se pusiera en la contraofensiva. También sabemos que Wulfhere tuvo una poderosa influencia en Kent, Lindsey, Surrey, Essex y Anglia Oriental.

Pero Wulfhere perdió algunas batallas clave en sus últimos años. Ecgfrith de Northumbria, por ejemplo, logró derrotar al rey de Mercia en 674, a pesar de tener un ejército más pequeño. Sin embargo, Wulfhere sobrevivió a la batalla, aunque perdió una porción significativa de territorio y se vio obligado a rendir homenaje a Ecgfrith. En una batalla diferente, se enfrentó al rey de Wessex, Æscwine, apenas un año después de perder ante los norumbrianos. El resultado de esta batalla no lo conocemos, pero sabemos que

Wulfhere sobrevivió. Finalmente, el rey de Mercia murió más tarde ese mismo año, probablemente por una enfermedad. Su hermano Æthelred tomó el trono e incluso recuperó algunos de los territorios que Wulfhere había perdido, pero no era tan hábil como gobernante como su predecesor.

Offa

La historia de Mercia no estaba completa sin Offa. Ascendiendo al trono en 757, este gobernante fue, con mucho, el rey merciano más poderoso que jamás haya existido, y cuando comparamos su poder e influencia con otros reyes anglosajones, solo fue eclipsado por Alfredo el Grande.

Durante su reinado, Offa llegaría a dominar Kent, Essex, Wessex y Anglia Oriental. Su señorío de Wessex sucedió en 779 después de la batalla de Bensington, donde derrotó al rey de Sajonia Occidental, Cynewulf. Logró incluso reducir la influencia de Canterbury al establecer una arquidiócesis en Lichfield en 787. El único reino en el que no pudo influir directamente fue Northumbria, aunque los dos reinos organizaron algunos matrimonios políticos.

Offa también luchó contra los británicos locales. De hecho, el reino galés de Powys tuvo tantos enfrentamientos con los mercios que Offa ordenó la construcción de un enorme dique cuyos restos aún permanecen en pie. El dique de Offa tenía 65 pies de ancho y 8 pies de alto, y fue construido para evitar que los británicos invadieran y para dar al ejército una buena visión general del área.

Varios indicadores nos muestran cuán poderoso Offa era. Por ejemplo, las monedas fueron acuñadas con su cara y nombre durante su reinado. Además, algunos documentos incluso lo enumeran como Rex Anglorum, o el Rey de los ingleses, aunque su historicidad no es del todo segura. Incluso permaneció en contacto frecuente con el rey Carlomagno, aunque el monarca volvería su atención a otros asuntos en los años posteriores.

Offa murió en 796 y tal y como el había deseado, su hijo Ecgfrith lo sucedió en el trono, aunque presumiblemente murió 141 días después de su ascensión. Teniendo en cuenta con qué frecuencia Offa eliminaba a sus rivales dinásticos y cuánto deseaba que Ecgfrith gobernara, esto creó un problema de sucesión que llevó a un pariente lejano de Offa, Cœnwulf, a tomar el trono.

Otros reyes notables de Mercia

Otros de los reyes más notables de Mercia que dejaron su huella en la historia son Æthelred, Æthelbald y Cœnwulf. Æthelred había heredado el trono de Wulfhere y, como se dijo, no podía mantener mucha influencia en otros reinos como lo hizo su predecesor. Era conocido como un cristiano muy devoto, pero lo más interesante es que también fue uno de los primeros reyes de Mercia en abdicar del trono y convertirse en sacerdote. En 697, su reina y esposa, Osthryth, la hija del rey de Northumbria, Oswiu, murió en circunstancias misteriosas. Siete años después, Æthelred abdicó del trono y tomó votos monásticos en Bardney, un monasterio que había fundado con Osthryth. Este monasterio también contiene sus restos.

Æthelbald ascendió al trono de Mercia en 716 y comenzó su propia serie de conquistas. Muy pronto, se convirtió en la fuerza dominante, con solo Northumbria fuera de su alcance. Durante su reinado, el principal misionero anglosajón en Alemania, Bonifacio, reprendió a Æthelbald por sus muchos pecados con respecto a su tratamiento de la Iglesia. Posiblemente como respuesta a esto, Æthelbald emitió una carta en el sínodo de Gumley en 749 dando más derechos y privilegios a la Iglesia. Murió en 757 con la creencia popular de que los asesinos de este rey de Mercia eran sus propios guardaespaldas.

Cœnwulf gobernó a Mercia después de la muerte del hijo de Offa. Era conocido por haber restablecido el señorío merciano en varios reinos, como lo demuestran las monedas con su cara acuñada allí. También era conocido por su aparente choque con Wulfred, el arzobispo de Canterbury. Aparentemente, el arzobispo y el rey no estuvieron de acuerdo en el asunto de los laicos que controlan iglesias y monasterios. Esto podría haber resultado en que Wulfred perdiese el derecho de realizar sus deberes sacerdotales durante al menos cuatro años. Cuando Cœnwulf murió en 821, el señorío de Mercia terminó, y no habría otro gobernante de este reino para ejercer ese poder nunca más.

Wessex

De todos los reinos, el gobernado por los sajones occidentales fue el que más resistió. Al principio, los sajones occidentales no ocupaban mucho territorio en Gran Bretaña, sino que se situaban entre Sussex al este y el reino de Dumnonia al oeste. Su historia comienza, según la leyenda, cuando los reyes Cerdic y Cynric aterrizaron en 495 en suelo británico. A finales del siglo VI, Wessex ya era un reino establecido, y era muy activo en los asuntos políticos. El segundo rey en ser nombrado bretwalda por Bede y la *Crónica anglosajona* fue Ceawlin de Wessex, quien probablemente gobernó entre 560 y 592, aunque sabemos muy poco sobre él.

Durante el ascenso tanto de Mercia como de Northumbria como potencias políticas locales, Wessex siguió siendo un reino semiindependiente, y en un momento cayó bajo el control directo de Mercia. Sin embargo, después de la ascensión de Cædwalla al trono, Wessex creció en fuerza y tamaño, convirtiéndose lentamente en un jugador político importante en la isla. Fue la casa de Wessex que más tarde sería la fuerza dominante en Gran Bretaña al unir los reinos, defenderse de los daneses y fundar la primera dinastía inglesa de reyes. Esta dinastía sería depuesta y restablecida varias veces, con los reyes daneses controlando la isla en algunos puntos durante este período. Sin lugar a dudas, Wessex se convertiría en el más importante de los siete reinos, habiendo sido los progenitores de la idea de una Gran Bretaña unificada mucho antes de que Guillermo conquistara la isla.

Reyes notables de Wessex

Cædwalla

El nombre de Cædwalla es probablemente de origen celta, pero sus acciones impactaron mucho a los anglosajones a su alrededor. Después de años en el exilio, Cædwalla atacó a Sussex con un pequeño ejército y mató a su rey, Æthelwealh, con la posible ayuda del obispo Wilfrid. Sin embargo, fue expulsado de Sussex por los *ealdormen* del difunto rey. Pero esto no impidió que el rey de Sajonia Occidental intentara conquistar otros reinos. Poco después de eso, ya fuese en 685 o 686, se convirtió en rey de Wessex. Con su nuevo poder, conquistó la Isla de Wight y, si se cree en algunas fuentes, mató a la población local juta, lo que lo convertiría en el primer genocidio en la historia de Gran Bretaña. No mucho después de su campaña en Wight, Cædwalla fue tras Kent, deponiendo a su gobernante e instalando a Mul como rey. Sin embargo, Mul fue quemado por los Kentish poco después, por lo que Cædwalla gobernó este reino directamente después.

Cædwalla mismo no era cristiano en ese momento, pero estaba en la vía rápida para convertirse en uno. Mientras estaba en Wight, exigió a los lugareños que se convirtieran, y su negativa a hacerlo podría haber sido el catalizador de su exterminio a manos del rey de Sajonia Occidental. Fue durante esta batalla que Cædwalla sufrió heridas graves. Como consecuencia de esto, abdicó del trono en 688 en favor de su sucesor y primo lejano Ine. Después de abdicar, Cædwalla fue a Roma para bautizarse. Lo alcanzó un año después, y diez días después de su bautismo, murió como un verdadero cristiano.

Ine

Ine ascendió al trono de Wessex en 688 después de la abdicación de Cædwalla. Durante su reinado, hizo las paces con Kent, continuó la subyugación de los sajones del sur y mantuvo el control sobre Surrey y Essex. También era conocido por haber dirigido campañas contra el reino celta de Dumnonia e incluso tuvo enfrentamientos con los mercios, aunque no conocemos los resultados de estas batallas.

El reinado de Ine vio el auge económico y la expansión del asentamiento llamado Hamwic, que luego se convertiría en parte del Southampton de hoy. El comercio era frecuente en esta ciudad, y la gente intercambiaba vasos de vidrio y pieles de animales. Incluso se encontraron bienes importados y divisas de Europa continental en esta ciudad. Por lo que podemos determinar, la ciudad albergaba a más de 5,000 personas, que era un número masivo para un asentamiento en ese momento. Ine también fue el primer gobernante de Sajonia Occidental en emitir acuñación de monedas, aunque esto no se puede probar con evidencia arqueológica, ya que las *sceattas* generalmente no llevaban nombres ni rostros de reyes contemporáneos.

Al igual que Cædwalla, Ine también abdicó del trono, y lo hizo en 726, sin dejar un heredero claro. Con su esposa, la reina Ethelburg, volvió a reflejar al rey anterior viajando a Roma. Sin embargo, a diferencia de Cædwalla, Ine ya se había convertido durante su reinado. Sin embargo, es posible que fundase la *Schola Saxonum*, una institución para peregrinos de Sajonia Occidental, en Italia, que luego los cristianos ingleses visitarían por diversas razones religiosas.

Ine no solo era un guerrero habilidoso y un cristiano devoto, sino que también era legislador, ya que la evidencia sugiere que podría haber redactado su propio código legal al mismo tiempo que Wihtred of Kent, aunque Ine hizo público su código en 694.

Ecgberht

Ecgberht, otro rey para comenzar su vida en el exilio, sería recordado para siempre como el rey que aniquiló la supremacía merciana sobre los otros reinos. Se convirtió en rey de Wessex en 802 y mantuvo la independencia de Mercia. En sus primeros años, sus *ealdormen* tuvieron que enfrentarse a las fuerzas de Hwicce, dominado por Mercia, que terminó con la muerte de los *ealdormen* en ambos lados, pero no obstante fue una victoria para Wessex. El rey de Mercia en ese momento era el sucesor de Offa, Cœnwulf. Por lo que sabemos, él no gobernó sobre Wessex, y Ecgberht mantuvo su independencia, aunque al principio no tuvo mucha influencia externa.

Los esfuerzos militares de Ecgberht le valieron su primer éxito en Dumnonia. Más tarde, en 825, el rey de Sajonia Occidental se enfrentaría a Beornwulf de Mercia en la decisiva batalla de Ellandun. Inmediatamente después de la batalla, según la *Crónica anglosajona*, el hijo de Ecgberht, Æthelwulf, logró subyugar a Kent, Sussex, Essex y Surrey. Beornwulf probablemente atacó primero a las fuerzas de Sajonia Occidental, pero con los esfuerzos combinados de varios ejércitos anglosajones, fue derrotado por completo, aunque no pereció. Sin embargo, estaba más o menos emasculado por la pérdida, e intentó invadir Anglia Oriental al año siguiente solo para terminar asesinado. Su sucesor, Ludeca, también fue asesinado por los anglos orientales en 827, y en 829, Ecgberht había invadido Mercia y había llevado a su rey al exilio. En este punto, Ecgberht tenía efectivamente el poder sobre casi todos los reinos anglosajones, excluyendo Northumbria. Sin embargo, los mercios recuperaron su independencia bajo Wiglaf el año siguiente, aunque no tuvieron tanta influencia como antes.

Ecgberht continuó luchando, perdiendo una batalla contra los daneses en 836 en Carthampton, pero derrotándolos a ellos y a sus aliados dumnonianos dos años después en la batalla de Hingston Down. Esto efectivamente terminó con la independencia de los británicos de Cornualles, un grupo de personas nativas de la península del suroeste de Gran Bretaña, aunque su línea real continuó existiendo en algún momento después de esto.

Ecgberht murió en 839 y fue enterrado en Winchester, al igual que sus descendientes años después. Según su voluntad, dejó su reino y sus propiedades a los miembros varones de su familia.

Alfredo el Grande

Alfredo fue posiblemente el mayor gobernante de Wessex y realmente de todos los reinos anglosajones antes de la invasión normanda. Ascendió al trono en 871 como el rey de los sajones occidentales, pero en 886, llegaría a ser nombrado rey de los anglosajones. Durante su reinado, los daneses se convirtieron en una amenaza creciente, y durante los primeros siete años de su reinado, Alfredo no estaba muy bien posicionado contra ellos. Los daneses siguieron presionando, obligando a Alfredo a negociar la paz y pagarles en más de una ocasión. En un momento, los daneses, liderados por Guthrum, atacaron a Chippenham en 878, obligando a Alfredo a huir. Después de esto, la mayoría de los reinos anglosajones estaban ahora bajo el dominio danés.

Sin embargo, Alfredo no se cruzaría de brazos. Más tarde ese año, reuniría sus fuerzas y aplastaría las defensas de Guthrum en la Batalla de Edington. Luego empujaría a los daneses hasta Chippenham y los dejaría morir de hambre hasta que se derrumbaran. Una vez que Guthrum se rindió, los dos gobernantes negociaron términos de paz. El rey danés tuvo que convertirse al cristianismo, lo que hizo junto a 29 jefes de confianza. Además, Mercia se dividió entre los dos reyes, y Guthrum debía retener solo secciones de Anglia Oriental, con este nuevo reino suyo llamado Danelaw. Alfredo no había liberado a todos los reinos anglosajones, pero había logrado dañar lo suficiente a los daneses y reducir su influencia.

Aunque los daneses habían sido derrotados, algunas incursiones vikingas todavía tuvieron lugar durante el reinado de Alfredo. Sin embargo, no hubo guerra a gran escala durante algún tiempo. En 886, Alfredo retomó Londres y la convirtió en una ciudad habitable nuevamente. Es este año, y posiblemente incluso el resultado de este evento, que vio al rey de Wessex declarado rey de todos los anglosajones, aunque el propio Alfredo nunca usó ese título.

Después de la muerte de Guthrum, la falta de un claro sucesor amenazó otra guerra con los daneses, y después de 892, comenzaron a atacar nuevamente. Sin embargo, después de una serie de batallas como las de Farnham, Benfleet y Buttington, los daneses se retiraron más o menos a Danelaw o a Europa continental.

Alfredo era conocido como mucho más que un guerrero experto. Probablemente fue el rey más letrado que haya gobernado Wessex, ya que tradujo una serie de obras importantes. También puso gran énfasis en el idioma vernáculo en inglés en lugar del latín. Además, fundó una escuela de la corte donde quería ver a sus hijos, a otros nobles e incluso a niños inteligentes y de bajo nivel aprender a leer y escribir. Naturalmente, estaba extremadamente interesado en la religión y había mantenido buenas relaciones con Roma, incluso recibió un pedazo de la "verdadera cruz" del papa Marinus en 883, aunque no hay mucho acuerdo sobre este evento entre los eruditos.

Alfredo moriría en octubre de 899 y sería sucedido por su hijo Eduardo el Viejo. Al igual que su padre antes que él, Eduardo sería un gran rey, venerado por la Iglesia y amado por el pueblo anglosajón. Su título también sería el rey de los anglosajones, pero no sería él quien uniría la isla.

Estatua conmemorativa de Alfredo el Grande, Winchester [14]

Æthelstan

En 924, después de la muerte de Eduardo, Æthelstan tomó el trono anglosajón. Sin embargo, él no era el heredero al trono; su hermano menor Ælfweard había gobernado durante un poco más de dos semanas, muriendo poco después. Æthelstan primero actuaría solo como un rey merciano, considerando que la mayoría de los nobles lo veían como no apto e ilegítimo. Sin embargo, fue coronado

---

[14]Imagen original subida por Odejea el 25 de agosto de 2005. Recuperado de https://commons.wikimedia.org/ en marzo de 2019 con modificaciones menores bajo la siguiente licencia: Creative Commons Attribution-Share Alike 3.0 Unported. Esta licencia permite a otros remezclar, ajustar y desarrollar su trabajo incluso por razones comerciales, siempre que lo acrediten y otorguen licencias de sus nuevas creaciones bajo los mismos términos.

rey de todos modos en 925 en el lugar llamado Kingston upon Thames.

Los primeros años de Æthelstan fueron de lucha contra los daneses. Después de un matrimonio estratégico de su hermana con Sihtric, el rey vikingo, y su posterior muerte, Æthelstan vio la oportunidad de atacar a los daneses. Capturó York en 927, golpeando al sucesor de Sihtric, Guthfrith. Un año después, varios reyes del norte aceptaron a Ethelstan como su señor supremo. Por fin, las tierras anglosajonas al norte de Humber formaban parte del territorio inglés más grande, aunque los nuevos súbditos del norte no querían a Ethelstan porque era un invasor del sur. La siguiente exitosa campaña de Ethelstan lo llevó al sur, donde subyugó completamente el Cornualles y estableció una nueva sede episcopal, el área de la jurisdicción eclesiástica de un obispo. El año 927 sería una de las grandes victorias para Æthelstan, y también lo vería ponerse un nuevo título, el Rey de los ingleses.

Pero no fue ninguno de estos eventos lo que consolidó al exrey anglosajón como uno de los más grandes de su tiempo. Fue el evento que tuvo lugar una década después que no solo le daría a Ethelstan un reconocimiento más merecido, sino que también sería la piedra angular del nacionalismo inglés. Es decir, en 934, el rey de los anglosajones decidió invadir Escocia por razones no especificadas. Los resultados de las batallas posteriores no se registraron, pero los escoceses no se quedaron quietos. Poco después, en 937, una alianza de tres reyes, Olaf Guthfrithson de Dublín, Constantine II de Alba, hoy Escocia y Owen de Strathclyde, se enfrentaron a Ethelstan en la batalla de Brunanburh. A pesar de sufrir grandes pérdidas, Æthelstan aplastó a sus oponentes, y algunos de ellos huyeron y sus ejércitos se dispersaron. En ese momento, Inglaterra luchó como una entidad única contra un enemigo desunido y ganó.

Dos años después, Æthelstan murió en Gloucester. Además de sus victorias militares, también es recordado como un hombre erudito que invirtió mucho tiempo y dinero en la iglesia y la educación, al igual que su padre y su abuelo antes que él. Después de su muerte, el control de la tierra cambiaría entre sus herederos y los daneses, aunque ninguna de las dos dinastías terminaría siendo vencedora después de los eventos de la batalla de Hastings en 1066.

Otros reyes notables de Wessex

La línea de Wessex continuó mucho después de Ethelstan, pero en términos de reyes antes de que existiera el título de Rey de los ingleses, los dos que deben mencionarse absolutamente son Cynewulf y Eduardo el Viejo.

Cynewulf siguió a su predecesor Sigeberht y tomó el trono en 757. Con la muerte del rey merciano Æthelbald, aprovechó la oportunidad de la agitación política en ese reino y afirmó la independencia de Wessex. Una serie de guerras le otorgarían victorias sobre los mercios y los galeses, consolidando el estado de Wessex en ese momento. Si bien pudo haber sido derrotado por Offa de Mercia en la batalla de Bensington, en realidad nunca se convirtió en su súbdito, y siguió siendo un rey independiente. El reinado de Cynewulf terminó con su asesinato por el hermano de Sigeberht, Cyneheard the Ætheling, frente a los propios *ealdormen* y *thegns* de Cynewulf, aunque esta historia podría ser apócrifa.

La historia de Eduardo el Viejo, por otro lado, es la historia de un rey capaz que hereda el trono de su padre igualmente capaz, Alfredo. En 917 y principios de 918, Eduardo conquistó el sur de Danelaw y lo convirtió en parte de su reino anglosajón unificado. Por supuesto, los daneses no cesarían sus actividades después de estas derrotas y continuarían desempeñando roles políticos clave en los años venideros, incluso después de que los sucesores de Eduardo siguieran en el trono inglés. El propio Eduardo murió en Farndon en 924, después de aplastar con éxito las rebeliones de los mercios y los galeses.

Capítulo 6 - Legado anglosajón

Aunque la evidencia arqueológica no es tan abundante como la que necesitamos para tener una imagen más clara de las sociedades anglosajonas, podemos decir con seguridad que dejaron una huella importante en la historia europea. La disposición a convertirse al cristianismo por parte de algunos de los reyes anteriores le dio a la gente sus primeras obras escritas, así como la base de los primeros textos legales. Pero los propios cristianos anglosajones tuvieron una influencia masiva en los cristianos continentales. Sus misiones finalmente conducirían a conversiones de muchas tribus paganas en Sajonia, Escandinavia y otras partes de Europa Central.

Además, las familias reales de Europa se dieron cuenta de estos reinos, y muy pronto, hubo diferentes tipos de relaciones entre ellos. Los reyes no solo se casaban y compartían campañas militares, sino que el comercio estaba en auge y, con el tiempo, reyes individuales comenzaron a formar países que no se parecían en nada a las provincias romanas que solían ocupar la isla.

La relación entre los anglosajones y Roma, en particular, fue muy prolífica. Los papas frecuentemente regalaban regalos sagrados a los monarcas de varios reinos anglosajones, y los monarcas visitaban Roma para peregrinaciones o bautizos.

Sin embargo, su mayor legado provino de los esfuerzos anteriores de unificación. Es decir, Gran Bretaña había sido un país de más de siete reinos. Los británicos, escoceses y pictos locales, así como los vikingos daneses más adelante y otros grupos de personas, todos tenían reinos y territorios menores dentro de la isla, y estos pequeños reinos seguían compitiendo por una forma de supremacía u otra. Pero ya en el siglo VI, ciertos reyes comenzaron a mostrar signos de querer unificar las tierras de los anglos, los sajones y los jutos. Æthelstan lograría esta unificación, aunque todavía estaría en terreno inestable después de su muerte. Sin embargo, la idea de una Inglaterra unificada nació durante estos días, y la idea de ser inglés se ha mantenido fuerte hasta la actualidad.

El legado anglosajón también se puede ver en su tratamiento de las mujeres y su arte. Por ejemplo, no muchas sociedades en la Europa medieval temprana permitirían a las mujeres tener el poder dentro de la Iglesia. Sin embargo, ese no fue el caso con Kent y los reinos cristianos posteriores donde las mujeres de noble cuna podían convertirse en abadesas o monjas. Y con respecto al arte, los manuscritos iluminados anglosajones influyeron en muchos estilos diferentes de arte cristiano en Europa Central y Occidental, y fue gracias a su combinación de elementos tradicionales anglosajones e incluso celtas, y los motivos cristianos típicos que se encuentran en Italia.

Por el momento, el mayor legado que los gobernantes anglosajones que dejaron a sus súbditos, fue el énfasis en el uso del inglés vernáculo en los sermones de la iglesia, así como la importancia de traducir libros del latín al inglés antiguo. Esto le dio al pueblo de Gran Bretaña más independencia de la Iglesia principal en Roma, y acercó a los laicos a la clase sacerdotal. Esta decisión también conduciría a una expansión de la literatura anglosajona que nos daría relatos seculares del período y una gran riqueza de información histórica que vino de primera mano de los autores que vivieron en ese momento.

Frontispicio de la vida de Bede de San Cuthbert; el rey Æthelstan le está dando una copia del libro al santo [15]

---

[15] Imagen original subida por Soerfm, el 12 de julio de 2018. Recuperado de https://commons.wikimedia.org en marzo de 2019 bajo la siguiente licencia: Public Domain. Este artículo está en el dominio público y se puede usar, copiar y modificar sin restricciones.

Conclusión

Es ciertamente extraño pensar que los invasores y colonos de algunas tribus germánicas de menor importancia en la actual Alemania y Dinamarca no solo establecerían una isla frente a sus costas, sino que también pasarían a establecer reinos, convertirse al cristianismo y más tarde extenderse a través del continente, hacer negocios exitosos con otros, forjar alianzas con reinos más grandes en Europa occidental y central, aplastar a la población local e incluso someterse a una unificación masiva. También es extraño pensar que esta misma isla, con estos mismos colonos, algún día se convertiría en un reino unido masivo que dominaría una cuarta parte de las personas y la tierra del mundo. La historia es cualquier cosa menos aburrida, y si miramos a los anglosajones y su historia de cerca de siete siglos en Gran Bretaña, podemos entender cuán loca e impredecible puede llegar a ser.

Pero no se trata solo de que los anglosajones pasaran de ser paganos a cristianos y de ser dominados a dominantes. Es una historia mucho más grande que eso. Después de todo, estas personas nos dejaron con una cultura completamente nueva forjada a partir de varias fuentes diferentes. Nos dejaron con una mezcla de herencia romana, influencias celtas, costumbres y creencias anglosajonas y cultura cristiana, todo lo cual resultó en un fenómeno social único. Sus vidas en la isla de Gran Bretaña pasaron por muchos cambios.

Vieron que su lenguaje cambiaba y se adaptaba, sus creencias cambiaban y crecían, su arte se volvía diferente a todo lo que habían hecho antes en el continente, y sus relaciones con los demás se tensaron, pero no lo suficiente como para rechazar la unificación cuando finalmente llegó.

Gran Bretaña es el hogar de algunas de las figuras más importantes de la historia humana colectiva. Sin embargo, esta era una tendencia mucho antes de que Inglaterra existiera como país. Kent produciría muchos obispos eruditos como lo haría Northumbria años después. Los reyes pasarían de ser señores de la guerra tribales a hombres eruditos e instruidos, que eran piadosos hasta la exageración pero feroces con una espada. Mercia, Northumbria y Wessex ofrecerían a los historiadores docenas de reyes cuyos reinados incluyeron conquistas masivas e igualmente terribles pérdidas. Y, en última instancia, el propio término "anglosajón", que probablemente no significaba nada cuando los anglos, sajones y jutos desembarcaron en las costas de Gran Bretaña hace tantos siglos, había representado en un momento un claro término de identificación para muchos. Los anglosajones fueron, en cierto sentido, un poco accidentales, pero sería un accidente que daría luz a mil años de historia que afectarían a toda Europa y, de hecho, al resto del mundo.

Bibliografía y referencias

Crónicas medievales™ (2014). Recuperado el 11 de marzo de 2019, de http://www.medievalchronicles.com.

Enciclopedia Británica (1981), recuperado el 11 de marzo de 2019, de https://www.britannica.com.

Fell, C. (1986): *Mujeres en la Inglaterra anglosajona*. Oxford, Reino Unido: Basil Blackwell Ltd.

Gomme, E.E.C (1909): *La crónica anglosajona, recientemente traducido por E.E.C. Gomme,* B.A. Londres, Reino Unido: George Bell and Sons.

Higham, N. J. (2015): *El mundo anglosajón*. New Haven, Ct, EE. UU. Y Londres, Reino Unido: Yale University Press.

Stanley, E.G. (2000): *Imaginando el pasado anglosajón: la búsqueda del paganismo anglosajón y el juicio anglosajón por jurado.* Cambridge, Reino Unido: D. S. Brewer.

Magennis, H. (1996): *Imágenes de la comunidad en poesía en inglés antiguo*. Cambridge, Reino Unido: Cambridge University Press.

Wikipedia (15 de enero de 2001), recuperado el 11 de marzo de 2019, de https://www.wikipedia.org/.

Yorke, B. (1990): *Reyes y reinos de la Inglaterra anglosajona temprana*. Nueva York, NY, EE. UU. Y Londres, Reino Unido: Routledge.

Vea más libros escritos por Captivating History

www.ingramcontent.com/pod-product-compliance
Lightning Source LLC
LaVergne TN
LVHW041641060526
838200LV00040B/1657